O SOL SEMEAREI EM MINHAS TERRAS

Uma história de vida
e de transformação

Dados Internacionais de Catalogação na Publicação (CIP)
(Câmara Brasileira do Livro, SP, Brasil)

Panozzo, Gioia
  O sol semearei em minhas terras : uma história
de vida e de transformação / Gioia Panozzo ; tradução
Angela Machado. — São Paulo : Ágora, 2000.

  Título original: Il sole seminerò nelle mie terre
  ISBN 85-7183-713-9

  1. Auto-ajuda – Técnicas 2. Autoconsciência
3. Consciência 4. Cura mental 5. Panozzo, Gioia,
1948- I. Título.

00-0926   CDD-158

Índices para catálogo sistemático:

1. Autocura : Psicologia aplicada   158

Compre em lugar de fotocopiar.
Cada real que você dá por um livro recompensa seus autores
e os convida a produzir mais sobre o tema;
incentiva seus editores a encomendar, traduzir e publicar
outras obras sobre o assunto;
e paga aos livreiros por estocar e levar até você livros
para a sua informação e o seu entretenimento.
Cada real que você dá pela fotocópia não autorizada de um livro
financia o crime
e ajuda a matar a produção intelectual de seu país.

O SOL SEMEAREI EM MINHAS TERRAS

Uma história de vida
e de transformação

Gioia Panozzo

ÁGORA

Do original em italiano
Il sole seminerò nelle mie terre
Copyright © 2000 by Gioia Panozzo
representada no Brasil pela Editora Estúdio
Sonia Robatto Ltda.

Tradução:
Angela Machado
(Inlingua – Verona)

Capa:
Fernanda Guedes

Editoração eletrônica e fotolitos:
JOIN Bureau de Editoração

Proibida a reprodução total ou parcial
deste livro, por qualquer meio e sistema,
sem o prévio consentimento da Editora.

Todos os direitos reservados pela

Editora Ágora Ltda.
Rua Itapicuru, 613 – cj. 82
05006-000 – São Paulo, SP
Telefone: (11) 3871-4569
http://www.editoraagora.com.br
e-mail: editora@editoraagora.com.br

Lá iláha illa allah

... e caí no vazio
em um vôo
que a águia recolheu
com suas asas.

Para Sílvia,
que cheira a bosque e a orvalho,
com amor infinito.

A você, que lê e "escuta", com Amor e com Sabedoria, que chegue a Alegria de Viver cada vez que respirar nesta incrível Terra, rica de frutos para quem sabe colhê-los. A você, que é cheio de luz desde sempre, que o Sorriso da alma acenda a Estrada daquele Viver profundo, que ressoe o eco da sua Eternidade.

Alegria a você e à sua livre escolha de Vida. Me dê a mão e caminhemos juntos, rindo, ao longo dos caminhos da sua Estrada, que levam ao Cume que eu conheço e já saboreei em toda a sua beleza. Me dê a mão e ria comigo a aventura da Vida, que transcende os limites do pensamento humano. Joguemos até as últimas conseqüências este jogo, aceitando a Aventura com o fascínio que ela contém e com a Inocência Antiga da criança sorridente que há em você.

Autocura	17
Minha Vida	35
Renascer	101

Com freqüência, durante as palestras, encontro-me contando o meu passado àqueles olhares que desejam conhecer e saber do meu lado humano, ligado à experiência da minha vida. Nos olhos de cada um leio o mudo desejo de poder comparar-se a mim para ter, como eu, a certeza de conseguir superar as dores e as dificuldades próprias da vida humana. A cada um eu falo com o meu coração e com os meus olhos, separadamente, porque cada um daqueles olhares me pertence: neles, de fato, reconheço a dor, a necessidade de compreender, a impotência, o desespero.

Cada ser humano "pertence" à minha vivência, sem distinções, e eu sei que, contando a minha vida, mostro-lhes — assim como em certo momento mostrei a mim mesma — que é possível viver a realidade cotidiana em um estado de harmonia. Agora vivo no presente, instante a instante, sem esforço, e recontar a minha vivência soa estranho aos meus ouvidos e à minha atenção, porque não mais me pertence.

Talvez seja difícil compreender, agora, como o passado possa ser definido como um livro fechado e deixado em um plano ligado exclusivamente à memória. Mas o caminho que conheço leva justamente a aprender a viver o momento, graças à elaboração da própria vivência. Com dureza e com doçura, descobri que a vida é perfeita, assim como é sem lógica. Com dor e com alegria respirei todos os atos da minha vida, descobrindo, enfim, que sou simplesmente uma espectadora dos diversos aspectos da realidade. A Verdade, sempre escondida atrás de alguma esquina, estava me esperando, na certeza de que, cedo ou tarde, eu a teria reencontrado sorrindo. A Luz que me invadiu permitiu-me um dia pensar em "semear" aquela mesma cálida luminosidade em todas aquelas "terras" que buscavam o sentido de si mesmas — assim como a minha "terra" tinha, uma vez, buscado a luz da compreensão e o calor do amor e do respeito da própria humanidade.

Autocura

A arte de viver e de morrer

"Não se desespere!", disse a Voz.
"Até o Sol tem seu momento
de renúncia todas as tardes,
mas se levanta de novo de manhã!"
E o homem respirou, sorriu
e reencontrou, em si,
a Luz que havia esquecido.

G. P.

Em todos estes anos de pesquisa sobre o sentido da Vida, venho definindo cada vez melhor qual é, para mim, o verdadeiro significado da palavra "Cura".

Compreendi que alcançar a *Harmonia*, com nós mesmos e com o mundo, leva à verdadeira *Cura*.

Não poderia usar este termo para algo mais parcial.

A serenidade, a quietude alcançada depois de um caminho tão duro, me permitiram descobrir que a Felicidade existe e que é possível explicar aos outros como alcançá-la, sem ter que, necessariamente, enfrentar adversidades parecidas com as minhas.

Pode-se ensinar os passos fundamentais para viver com Consciência, descobrindo, assim, que nenhum problema, nenhuma dificuldade é injusta ou pode ser atribuída ao azar: a nossa maneira de viver depende de nós e de como nos relacionamos com a realidade da nossa vida.

O pensamento, se não for seguido pela ação, é inútil; é preciso aprender a agir de modo diferente, a desestabilizar os velhos hábitos mentais e de comportamento, tornando-nos nós mesmos, em qualquer situação, os criadores da nossa vida.

"Caminhei" esta maneira de viver a realidade quando me dei

conta de que o meu cérebro "lógico" não me dava respostas satisfatórias ao que acontecia na minha vida. Corria constantemente o risco de cair no papel de vítima e de juiz, e tinha certeza de que não encontraria assim a resposta para a minha torturante pergunta: "Por quê?".

A dor, o sofrimento, a infelicidade não eram, certamente, apenas emoções minhas, mas do mundo inteiro e, por isso, eu sentia a necessidade de um tipo de clareza que iluminasse totalmente a escuridão sufocante da Infelicidade, e não apenas da "minha" infelicidade!

Não foi fácil decidir superar cada limite que a dúvida criava. Eu vagava constantemente num terreno desconhecido, porque os parâmetros da minha mente não possuíam suficiente conhecimento. Mas a minha dor era tão grande que me obrigou a lançar mão de uma Vontade enorme, e essa foi a minha salvação!

A Vontade serviu para passar do plano mental da evidência a planos cada vez mais sutis e universais em um contínuo e, às vezes, extenuante crescendo.

O "Por quê?" se acendia de repente, a cada passo, no meu permanente confronto com a realidade de mim mesma, das minhas emoções e dos próprios acontecimentos da vida.

"Por que sofro tanto?", "Por que me sinto tão sozinha?", "Por que comigo acontece tudo isso?", "Por que a humanidade sofre com tanta violência, crueldade?", "Por que existe tanta raiva e ódio?", "Por que a traição, a guerra?".

Todos esses "porquês" eu transformei, uma vez que não encontrava uma resposta lógica adequada para eles, em "O que é o sofrimento? O que pode haver na raiz do sofrimento, da raiva, do ódio, da guerra, da traição, da violência?" e adotei a mim mesma como "amostra" para fazer as minhas pesquisas.

"Eu" era a única certeza que estava sempre à mão!

Então, tornei-me eu mesma o objeto da minha pesquisa, excluindo tudo o que estava fora de mim e de que, portanto, eu não podia estar certa.

Não queria cair em formas mentais, feitas de juízos, ou em

pensamentos abstratos; tinha que buscar as minhas respostas no plano da realidade e eu era real!

Confrontei-me, portanto, com cada uma das minhas emoções, escavando dentro de mim cada vez em maior profundidade, sem tomar nunca nada como previsível.

Persegui as raízes do meu orgulho, da violência que eu usava contra mim julgando-me sempre duramente; busquei na escuridão de mim mesma o motivo pelo qual eu traía a minha individualidade e declarava guerra a mim mesma, desafiando-me a ser sempre mais do que era realmente!

Encontrei-me muitas vezes lutando comigo para me entender!

Não queria mais saber de chorar, cheia de angústia, não queria mais o meu sofrimento, porque o achava inútil!

O sofrimento não me dava de volta o que a vida tinha me tirado, então, por que sofrer?

O sofrimento era um fim em si mesmo, não servia nem a mim nem a quem estava perto de mim! Era inútil.

Os primeiros anos foram realmente muito aguerridos!

Passei tanto tempo me sentindo como se fosse o pêndulo de um relógio enlouquecido que, no seu constante oscilar, me levava a ser a dor mais lancinante, depois, a doçura mais profunda, a luta mais cruenta e a quietude mais silenciosa, o desânimo mais intenso e a confiança mais poderosa, o urro mais desesperado e a compaixão mais afetuosa.

Eu não me dava trégua.

Queria entender as origens interiores de cada um dos meus sofrimentos, porque conhecia, também, a minha doçura, a minha capacidade de amar, o meu sorriso e a minha quietude e queria que a minha vida fosse sempre como eu a tinha vivido em certos momentos: beatitude!

Pois bem! Eu queria reconquistar aquele antigo sabor e fazê-lo meu para sempre!

Acredito que todos nós tenhamos vivido uma sorridente quietude, em alguns períodos, talvez até sem que houvesse nenhum motivo preciso para isto.

Acho que cada um pode lembrar como é o sabor da serenidade e daquela alegria sutil que leva a viver até a chuva ou a neblina com prazer!

Todos já fomos serenos, talvez tenhamos esquecido, mas houve momentos felizes na nossa vida e, então, por que não lutar para entender como se pode fazer para viver sempre serenamente?

Se a serenidade já esteve presente uma vez, quer dizer que a serenidade existe.

Quer dizer que nós podemos ser serenos, que a serenidade não é uma ilusão!

O Sol está ali, depois é coberto pelas nuvens, às vezes por meses a fio, e isto não tira o fato de que o Sol existe e reaparecerá com a chegada do vento certo.

Então, nós também podemos chamar o "vento certo para nós", que desfaz as nuvens que a nossa infelicidade criou, assumindo a responsabilidade de acreditar que a felicidade existe e que depende de nós reencontrá-la. O vento da Tomada de Consciência da nossa realidade.

Então, é possível decidir-se a iniciar o percurso do Caminho Sagrado que eu realizei.

Durante este percurso, infinitas manifestações passaram a fazer parte da minha vida e sempre senti que as mesmas não eram senão experiências ligadas à minha evolução interior.

Objetos se materializavam, o meu corpo desaparecia ao olhar dos outros, curava em poucos minutos qualquer mal-estar que me perturbasse, media a febre e a pressão olhando-as dentro dos meus olhos, percebia até à distância os problemas de cada ser humano, conhecido ou desconhecido; a chama das velas tornava-se altíssima se eu as observasse profundamente; um antigo candelabro de prata pendurado no teto girava para a direita ou para a esquerda, conforme o meu convite interior.

Atendia ao telefone já sabendo quem era; descrevia, perfeitamente, as peças de casas nunca vistas, via objetos em detalhe dentro de gavetas e armários. Me sentia, às vezes, como uma espécie de espiã invisível!

Usava formas especiais de respiração, que apareciam espontaneamente, para acender de energia e de calor o tálamo, parte do cérebro.

Via dentro do corpo humano e agia criando ordem onde havia desequilíbrio.

Revi algumas das minhas vidas passadas, compreendendo o seu significado por intermédio do reviver a morte. Comecei a perceber perturbações da terra antes que acontecessem.

Percebia cada vez mais precisamente a capacidade que cada ser humano tem de reencontrar, se quiser, a própria unidade com Deus.

Onde quer que eu fosse no mundo, encontrava pessoas que me diziam, espontaneamente, olhando para mim ou lendo os meus olhos ou a minha mão, que eu era um mestre e que o meu era o Caminho certo da Verdade. Mestres de ioga me explicaram que eu era um iogue "espontâneo"!

Muitas vezes ri, sentindo-me um pouco inadequada. Depois, com o passar dos anos, entendi que a Clareza que eu buscava estava, obviamente, já dentro de mim e eles a viam como eu, agora, posso vê-la em outras pessoas que encontro no meu viver.

Três Entidades, Mestres que de fato viveram um tempo, me conduziram, gradualmente e em momentos diferentes, no cumprimento de uma evolução, guiando-me dentro das religiões fundamentais: hinduísmo, budismo, catolicismo e islamismo, fazendo-me escrever centenas e centenas de páginas sobre o sentido da Vida e da Morte, sobre o Amor, as Virtudes, o Absoluto etc.

Depois, por meio das palavras de Mestres reais, que eu encontrava "por acaso" durante as minhas inúmeras viagens pelo mundo, tinha a confirmação do que já havia escrito meses antes.

Aprendi a me comunicar com o Infinito por meio de mensagens que recebia do universo, das árvores e das pedras, da lua e da água. Até o fogo, de vez em quando, me contava alguma coisa, para que eu aprendesse a Arte de Viver!

Todas as coisas falavam comigo, e me falavam de Deus, no sentido mais amplo e profundo da palavra: "Absoluto".

O maior ensinamento eu o recebi do Silêncio e descobri, assim, que o Silêncio fala, sem falar!

Sempre aceitei tudo isso com surpresa e com uma infinita doçura e gratidão.

Nunca me senti diferente ou especial e nunca a minha mente se orgulhou desses eventos. Estes aconteciam e eu verificava a sua sabedoria e verdade pela experiência da vida real.

Aprendi a conviver com um Mundo que se manifestava por um plano diverso, sutil, impalpável, enorme e gentil, que me acompanhava a qualquer lugar, porque em qualquer lugar "Ele era e é!".

Aos poucos, tornei-me aquele Mundo e me fundi com ele, descobrindo que sempre o tinha sido e que era a minha mente quem criava, com os seus julgamentos, falsas distinções.

Descobri que a mente trabalha sobre dois planos lineares e que se pode alcançar um terceiro, feito de Profundidade, por meio do reacender consciente da Mente Sagrada, o Coração.

Aí, se abraça o Caminho do Infinito, que é o "Limiar" de Deus.

Para entrar no plano da Mente Sagrada é preciso *anular qualquer expectativa mental*, uma grande coragem, uma confiança desmedida no fato de que a vida, apesar de tudo, deve ter um significado e depois... e depois, tudo acontece e pequenos "milagres" começam a se manifestar, no âmbito do cotidiano. Chamei "Caminho Sagrado" a este meu percurso em busca da Verdade, para além de cada aspecto da realidade.

Ultrapassadas as barreiras que a mente cria, se acende um incrível sorriso silencioso que leva à "Compreensão" e tudo se torna tão simples e claro que é difícil explicar!

O sentido da vida está aqui, nesta simplicidade, mas é preciso fazer um longo percurso interior para poder provar novamente, por meio da experiência pessoal, o "Sabor" de Ser em Unidade com Deus.

Doce é a Vida depois de tanto peregrinar!

"Tudo é já" e isto pode ser confirmado acendendo a vontade de cumprir uma viagem dentro de si mesmo, para descobrir que não somos senão "Todos os homens e todas as coisas"!

Sei que a minha vida, que vou descrever, é uma vida forte, mas é a minha vida!

Sei que muitos, lendo, vão se deixar levar pela comiseração e pelo julgamento, vão escapar com o sofrimento descrito, mas isso não impede que eu fale da minha vida, e foi "Esta" minha vida que me levou a realizar o meu Caminho Sagrado.

Falei da "Minha realidade", do modo como a vivi naquele tempo, sem meios-termos, sem falsos pudores, sem diplomacias inúteis, para fazer com que se compreendesse que Nada nem Ninguém pode nos deter se queremos descobrir a Verdade sobre o nosso Viver neste mundo!

Descrevi a minha vida de maneira sintética, em sua essência, porque foi essencial para a minha busca, e assim devia ser contada, na sua essência!

A minha vida não tem valor para ninguém, porque foi somente "a minha" vida!

Nem quero que a minha vida seja vista como um exemplo.

Não me interessa a minha vida!

"Ela" foi, simplesmente, um meio para que eu reencontrasse a mim mesma, para descobrir que eu não tinha mais uma vida "Minha", mas que "Eu era a própria Vida!"

Muitas pessoas aprenderam a caminhar ao longo de "seu" Caminho Sagrado, acompanhadas pela presença do meu sorriso e da minha garra!

De vez em quando, alguém pára, confuso, e eu, sorrindo, levo a luz para alguma direção, para que ele possa olhar e decidir livremente, a respeito de si mesmo, qual é o passo que deve ser dado.

Sei que cada um de nós, uma vez que é diverso, precisa do "Seu" tempo para dissolver as próprias dúvidas e medos. Eu espero, sem me deter.

Explico que "Tudo" pode ser transformado, se o quisermos, porque nós, como reflexos de Deus, somos "Criadores".

Devemos assumir esta *responsabilidade*, que nos leva a tomar consciência de como queremos viver a nossa vida e de quais são as escolhas que queremos fazer.

Ensino a Arte de Morrer para os próprios pensamentos e hábitos, a cada instante, porque é fundamental descobrir a sabedoria diferente que se forma em nós, dia-a-dia, para reconquistar a "Qualidade da Vida" perdida.

Conto, incessantemente, que o verdadeiro objetivo que cada um de nós deveria querer atingir é a *Honra e o Prazer de estar Vivo*, em qualquer momento da sua Existência.

Caminho junto aos meus companheiros de viagem, tornando-me um espelho no qual cada um pode reencontrar a si mesmo, reconhecendo-se, sem julgamento, na própria força e fragilidade, nas próprias lágrimas e sorriso, no próprio corpo e universo.

Caminho, simplesmente.

Caminho junto a cada um, lembrando-lhe o seu pertencer a Deus.

Caminho a respiração, o passo e as palavras.

Sussurro que um abraço dado com Amor, uma palavra diferente, talvez até doce e serena, um Silêncio diferente levam a redescobrir a Arte de Viver como um prazer conquistado; um sim dito em honra a si mesmo leva a dar sabor à vida, começando a transformá-la em Vida.

Ao longo do percurso do Caminho Sagrado, podemos dançar, todos juntos, a própria raiva e a dor, tentando compreender a origem do próprio sofrimento, usando qualquer instrumento para desfazer conscientemente todos os limites criados pela mente.

A mente é um instrumento a ser usado.

O Coração deve ser o único Governante, porque ele é a Mente Sagrada do Absoluto.

O importante é, portanto, percorrer o Caminho.

Caminhar e caminhar dentro de si mesmos para desvendar Nós a nós!!

O Caminho concede abrir-se gradualmente e dissolver, passo a passo, com grande Paciência e Vontade, todas as barreiras criadas pela mente.

No percurso, cada um descobre que pode ser Mestre de si mesmo, assim como eu fui para mim, para redescobrir o Caminho certo da Verdade, para além dos aspectos limitantes da cada realidade.

Transformar a Vida em uma grande Meditação é uma "Brincadeira" excepcional e fascinante, que leva a compreender o significado mais profundo de cada Ato da nossa vida. Assim, passo a passo, se alcança o Limiar do Infinito e mais além... com um suspiro: a Liberdade.

A Vida, então, acontece, manifestando-se pelo que de fato é, e Tudo se torna tão simples e claro que explode numa risada!

Esta é a Cura e todos podem aprender a "Autocurar-se".

Minha Vida

Poderia definir minha vida como "forte", pois não consigo encontrar palavra melhor. Nunca tive meias-medidas. Sempre vivi até as últimas conseqüências a dor capaz de transtornar, a alegria mais profunda, o entusiasmo mais aberto e sorridente; é como se eu nunca me tivesse detido na monotonia das meias-emoções.

A condescendência, a monotonia, aquele vegetar em vez de viver são coisas de que, instintivamente, sempre tive horror e, por isso, minha vida sempre transcorreu entre extremos opostos: a capacidade de rir, de exultar, o otimismo, a garra, a energia e o infinito desespero, o sentir-se aniquilado.

Somente ao longo do tempo, passo a passo, compreendi que perceber cada emoção tão profunda e totalmente era fruto da minha grande sensibilidade. Eu era como um radar aberto, por meio do qual cada um dos meus planos — físico, espiritual, emocional — recebia em uníssono qualquer sentimento. Assim, quando eu mergulhava na dor *"eu era a dor"*, quando me elevava na alegria, *"eu era a alegria"*. Esta totalidade, com certeza, não trazia *serenidade* ao meu viver!

Acho que a primeira vez que a vida tentou me dar o sentido do "aqui e agora" foi quando eu tinha dezoito anos e me tiraram um rim. A sensação de privação que vivi naquela idade me deu o impulso para intuir que a minha realidade física, que eu tinha como dada, de repente, podia mudar — por exemplo, com a eliminação de um órgão tão importante. De um dia para o outro, pela primeira vez, me vi sendo quase que partida ao meio.

Superei bem a intervenção cirúrgica graças à energia e ao otimismo que tinha dentro de mim, e três ou quatro dias depois da operação decidi, armada com os meus drenos e suportes com o soro, tentar caminhar. Eram mais ou menos duas da tarde. Os corredores do hospital estavam vazios e em frente ao meu quarto havia uma bicicleta ergométrica para reabilitação. Decidi montar. Apoiei-me no tripé do soro, enrolei os tubos dos drenos em torno do guidom e tentei pedalar. Sentia-me, ou talvez quisesse sentir-me *normal*, até que uma dor lancinante se desencadeou no meu flanco, tirando-me o fôlego e o equilíbrio. Tive a impressão de que os pontos da cicatriz, que iam da barriga às costas, tinham rebentado. Busquei ajuda com o olhar, mas àquela hora todos estavam descansando, não havia ninguém e eu não tinha fôlego para gritar.

Apoiei a testa sobre o guidom e, ali, vendo os meus drenos enrolados, com o sangue escorrendo lentamente em seu interior, observando o absurdo daquela situação em que eu mesma tinha me metido, sentindo a impossibilidade completa de realizar aquele único passo que me teria permitido descer, comecei a rir, mas a rir tanto que quase sufoquei. Não conseguia nem descer dali, nem parar de rir. Ria da minha estupidez, ria de mim mesma, reduzida, aos dezoito anos, à condição de não ser capaz de descer de um selim. Era muito engraçado!

Nunca tinha visto ninguém montado numa bicicleta ergométrica, cheia de tubinhos saindo do nariz e do braço e de dois pontos na barriga! Sentia-me uma mulher biônica, mas tão estúpida naquela situação que o riso não parava e eu ficava cada vez mais fraca de tanto rir!

Não sabia como sair daquela situação absurda. Cheguei a desejar que ninguém me visse naquele momento e, tentando me controlar, impus a mim mesma o ato de pôr um pé no chão. Pensei que fosse morrer de tanta dor, que todas as minhas vísceras, de repente, fossem cair no chão. Por absurdo que pareça, pensei no fato de que as enfermeiras teriam que limpar um monte de porcarias e então apertei a ferida com o braço livre e me arrastei até a cama, exausta. Acho que consegui colocar o pé no chão por puro desespero!

Os médicos, quando me deram alta, vinte dias depois, disseram que eu não teria maiores problemas se tomasse cuidado de não fazer esforços físicos e não ficar grávida, uma vez que não conseguiria, provavelmente, levar a termo a gravidez.

Imagine só! Justo eu que desde menina havia planejado ter cinco filhos. Mas quando cruzei a porta do hospital, decidi, ao contrário, que a minha vida seria absolutamente normal e, rindo comigo mesma, *afastei* a idéia de que tinha um rim a menos, obrigando-me a viver exatamente como antes. Continuei, portanto, a carregar pacotes, a levantar coisas pesadas e, quando chegou o momento de me casar, decidi também que ficaria grávida. De fato, foi assim que levei adiante muito bem a primeira gravidez. Sem nenhum problema, nasceu Gaia.

Nos últimos vinte e três anos de vida, fiz vinte e uma mudanças, para lugares diferentes, vinte e uma mudanças no campo das amizades e, todas as vezes, organizei e preparei a mudança sem me dar um momento de trégua ou de hesitação.

Sempre, todas essas vezes, fechei e reabri minha vida conforme a realidade que devia viver naquele momento.

Passaram-se os anos, separei-me de meu marido Carlo, depois de esperar por muito tempo que ele se decidisse entre eu e uma moça, muito mais jovem do que eu, pela qual ele estava apaixonado. Pedi-lhe a separação por desespero, quando eu e ela ficamos grávidas quase contemporaneamente. Ela fez um aborto e eu, *inconscientemente, matei* meu filho, ainda na barriga, no dia em que atirei uma cadeira contra uma parede para descarregar a minha raiva e a minha dor. Sentia-me traída e abandonada diante de um problema maior do que eu: queria a criança, mas também a meu marido, e queria ambos só para mim! Perdi os dois.

A criança morreu sem que eu me desse conta e, quando, pouco tempo depois, senti-me mal, fui operada com urgência e a criança foi extraída aos pedacinhos. Vivi por muito tempo com a sensação terrível de ter sido um caixão vivo. Muito lentamente, superei o choque, chorando todas as lágrimas que tinha dentro de mim, com aquela dor. A impressão que se tinha, naquele período, é que meu marido estivesse tramando contra mim, porque, talvez para aliviar a própria consciência, assim que voltei para casa, ele confessou ter tido, enquanto eu estava hospitalizada, uma curta relação com uma ex-companheira de 1968. Desmaiei.

Depois, peguei minha filha, que tinha três anos, e fui embora de casa. Não foi uma escolha fácil. Apesar de tudo, continuava apaixonada e certamente tinha medo de ter de enfrentar a vida sozinha! Mas isso eu só cheguei a ver claramente muitos anos depois. Não pedi ajuda a meus pais — nem eles a ofereceram. Com uma grande dose de orgulho, consegui trabalho no escritório de um contador, um pequeno apartamento, uma babá e recomecei a vida.

Não era fácil correr da creche para o trabalho, do trabalho para a creche, da creche para casa, para depois jantar, às 20 horas, com uma sensação de cansaço e um pouco de solidão no coração.

Aprendi a viver *correndo* para ter concretamente tempo para fazer tudo. Uma vez que estava sozinha e não tinha muito dinheiro, tornei-me, por necessidade, um pouco encanador, eletricista, enfim, um pouco conserta-tudo. Um dia — ainda dou boas risadas quando me lembro —, meti na cabeça que consertaria a máquina de lavar, que não descarregava mais a água. Pois bem: consegui, mas sobrou um pedaço de motor que nunca descobri para que servia!

Meu marido continuou a ver Gaia normalmente, ainda que às vezes eu tivesse violentos ataques de ciúme. O incrível amor que Gaia demonstrava por seu pai me impedia de levar a cabo uma série de planos de vingança e chantagem afetiva que, de vez em quando, brotavam ferozes na minha cabeça, que vivia ainda a traição e o abandono, mesmo que apenas na lembrança! Quantas guerras travei comigo mesma, mordendo os lábios, para impedir-me de pronunciar palavras inconvenientes contra meu marido, para que Gaia crescesse mantendo o respeito por seu pai!

Passados alguns anos, reencontrei meu marido como *amigo* e, juntos, redescobrimos o diálogo que havia nascido entre nós quando éramos adolescentes. Contávamos um ao outro, por telefone, as nossas desventuras financeiras ou falávamos da nossa filha, finalmente, com respeito recíproco.

Fechei, então, uma porta atrás de mim, sobre o passado e, ao mesmo tempo, procurei um trabalho que me permitisse ter um pouco de tempo para mim e para Gaia.

Encontrei, porém, um outro homem, vinte anos mais velho do que eu. Com ele eu tinha uma sensação de segurança, ai de mim! Ele "parecia" aceitar tudo do meu passado, sorria perante a minha alegria de viver, as minhas amizades, a minha filha: eu me sentia renascendo.

Era primavera, eu também queria florescer e tinha certeza de que com ele não teria os problemas de traição vividos no passado. Depois de um ano de altos e baixos, fiquei grávida pela segunda vez. Não tinha ainda me divorciado e lutei contra os meus próprios julgamentos sobre a minha situação; lutei contra este homem para levar adiante a gravidez. Ele se sentia velho demais para ser pai novamente: já tinha três filhos adultos, de um casamento precedente. Se penso hoje sobre isso, não posso achar que estivesse errado, mas quatorze anos atrás, aquela gravidez era "absolutamente sagrada e indispensável" para mim. Compreendi realmente aquela minha obstinação somente quatro anos depois, quando Gaia morreu!

E nasceu Sílvia, sem dificuldades e com tanto, tanto amor. As dificuldades apareceram quando, com o seu nascimento, meu companheiro Franco começou a rejeitar Gaia totalmente que, a esta altura já tinha treze anos, constrangendo-me a uma constante e absurda escolha entre uma filha e outra. O seu ciúme em relação ao meu passado, antes parcialmente contido pelo medo de me perder, explodiu quando, com o nascimento de Sílvia, ele pensou ter-me completamente em suas mãos. Eu não entendia o sentido daquele seu ciúme. Eu não podia escolher, isso não me era possível. Como se poderia escolher entre um filho e outro? Eu não conseguia aceitar a idéia de que Gaia fosse morar com seu pai. Por que separar-me dela?

Começou a chantagem afetiva, violenta e precisa como flechas bem apontadas contra o coração. As grosserias e a falta de respeito tornaram-se cotidianos. Eu estava entre a bigorna e o martelo e descobri, assim, um aspecto desconhecido daquele homem com quem vivia. Tinha a clara sensação de encontrar-me em uma estrada asfaltada dividida ao meio por uma faixa branca contínua: de um lado, minha filha Gaia e seu pai amigo; do outro, minha filha Sílvia e Franco! Quanta dor naquele não poder ser eu mesma completamente! Quanto esforço na tentativa constante de costurar dois pedaços de tecido que alguém rasga sempre bem nos pontos reforçados! Eu não conseguia escolher! Não queria renunciar a nenhuma das minhas duas filhas: por que deveria? Tentava explicar que me sentia mãe de ambas e que não podia escolher!

Palavras, discursos que duravam horas e horas, que não encontravam nem aceitação, nem compreensão. Horas que pareciam eternas na sua lentidão, à medida que tentava explicar que o Amor não é uma torta, da qual se se tira uma fatia, restam cada vez menos fatias. Tentava, engolindo a raiva e o sofrimento, explicar que o Amor é infinito e pode-se amar, com respeito, simultaneamente e de maneira diferente, dez mil pessoas e até o mundo todo!

Palavras inúteis e que se transformaram em uma nuvem de impotência, numa tempestade de conflito interior, numa tormenta de sentimentos de culpa, num furacão que se manifestou de repente, dentro de mim, sob a forma de um câncer no estômago.

Sílvia tinha dez meses quando fui operada, com urgência, no dia de Natal. Eu ainda não sabia, mas uma outra porta estava se fechando atrás de mim.

Aprendi, mais uma vez, a viver "aqui e agora" totalmente e talvez até como um desafio à vida e aos eventos que ela colocava diante de mim. Tive uma forma de câncer raríssima para uma mulher, sobretudo com a minha idade. É um câncer típico de homem em idade avançada. "Puxa vida, que sorte — disse a mim mesma naquele período —, sou mesmo sortuda!"

Na véspera de Natal, tive como presente o diagnóstico certo de câncer e, no dia de Natal, estava já sob os instrumentos de um cirurgião.

Quando acordei, estava sem estômago. Sentia-me, mais uma vez, uma mulher biônica — ainda cheia de cateter, sondas, dessa vez com um enorme curativo na barriga! Sem um rim, sem o estômago e com o fantasma da metástase.

Quinze dias depois, os médicos da enfermaria me disseram que, infelizmente, todos os gânglios linfáticos proximais e distais apresentavam metástase e eu tinha que fazer uma quimioterapia voltada para aquele tipo específico de câncer. Perguntei se iria morrer. Responderam-me, sem me olhar nos olhos, que não sabiam, é claro!

Por um daqueles estranhos acasos da vida, um dia telefonei ao hospital para saber o resultado de outros exames e o médico confundiu a minha voz com a da minha irmã médica e, crente de que estava falando com ela, expôs-me toda a gravidade da minha doença. Eu morria lentamente a cada palavra sua.

Compreendi que tinha poucos meses de vida, talvez seis, e não estava muito lúcida. Depois, o médico disse, sempre crente de estar falando com a minha irmã, que talvez fosse oportuno avisar-me. Gaguejei que certamente *me* teria avisado!

Ele entendeu que era eu do outro lado da linha e acho que, naquele momento, por uma fração de segundo, morreu junto comigo. Tinha, portanto, mais ou menos seis meses de vida. Aqueles seis meses marcaram uma outra passagem incrível. Aqueles seis meses serviram para fazer com que eu me acostumasse a conviver com a Morte e aceitá-la.

Eu não tinha alternativa. O tempo passava e, dia após dia, eu observava a vida à minha volta, sobretudo a natureza. Era janeiro. As árvores de Natal ainda podiam ser vistas nos jardins, nas casas, e eu dizia a mim mesma: "É o último Natal que vejo, é a última árvore enfeitada e iluminada". E a árvore adquiria um significado especial, um fascínio inacreditável. Olhava para as montanhas com neve, olhava para as árvores nuas e era como se sentisse pela primeira vez a sua nudez, era como se, pela primeira vez, visse e ouvisse a sua letargia.

Lentamente, na contagem regressiva do tempo que me restava, março começou a passar. As árvores ganharam rebentos e eu comecei a observar a natureza em suas mudanças.

Era a primeira vez, em trinta e seis anos, que eu observava tão atentamente a natureza com a consciência de que aquela talvez fosse a minha última oportunidade de ver a primavera, de perceber a vibração da energia do crescimento do tronco e dos ramos das árvores. Sentia-me *dilatada*, a minha sensibilidade tinha se expandido, a minha sede de viver, naqueles dias, me fazia *ler* todas as coisas de maneira estranha e mais profunda.

Falava normalmente do meu câncer com todos aqueles com quem me encontrava. Só muito tempo depois compreendi que, deste modo, subtraía-lhe poder. Quando ia fazer compras, por exemplo, e uma vendedora me dizia: "A senhora me parece um pouco cansada, está pálida. Está muito cansada?". "Não, não — respondia — estou com câncer." As pessoas, então, me olhavam assustadas, horrorizadas, e era como se se retraíssem. Era como se a palavra "câncer" as afastasse do contato comigo.

Um dia, estava internada num hospital-dia para mais um ciclo de quimioterapia e, bem à minha frente havia uma única outra paciente com uma sonda enfiada no braço. Era uma velhinha de oitenta anos que logo me informou, como fazem geralmente os velhos, sobre todas as doenças de que se estava tratando: artrose, pressão alta, dores nas pernas, diabetes etc. Parecia ter incorporado completamente este papel de importância ligado aos seus achaques. Os velhos, na sua solidão, vivem das suas doenças! Depois de vinte minutos de autocomiseração e de tentativas de compreensão da minha parte, perguntou-me por que eu estava ali. Respondi que estava com câncer e ela teve a reação mais estranha que vi naquele período: levantou-se de repente e, sem a menor preocupação com a sua sonda, começou a fazer gestos de esconjuro na minha direção, como se me afastasse de si, como se eu fosse azarada e pé-frio.

Fiquei boquiaberta, sem palavras. Declarando constantemente a todos a minha doença, observei que quase todas as pessoas me davam a oportunidade de desdramatizar, de exorcizar o poder maléfico do câncer. As pessoas falavam da própria gripe, artrose, bronquite, e eu dizia: "Estou com câncer".

Assim, o câncer tornou-se inteiramente parte da minha vida, mas não da vida de Franco, que fugia a qualquer tentativa minha de abrir um diálogo com ele sobre a morte, o meu sofrimento e o meu medo. Os amigos também criavam-me dificuldades, porque mostravam-se piedosos. Olhavam-me com comiseração e abatimento ou, então, constrangidos, desdramatizando o meu problema de maneira superficial, boba. Ninguém me dava a oportunidade de ser eu mesma completamente.

Os meses passavam. Eu olhava minha filha que começava a crescer, ainda não tinha um ano, e me perguntava por que a tinha colocado no mundo se eu devia morrer. Afinal de contas, entre uma filha e outra havia doze anos de diferença e eu poderia ter renunciado àquela segunda gravidez.

Que sentido tinha colocar no mundo um ser para depois fazê-lo órfão poucos meses mais tarde? Não é que eu me sentisse culpada; me questionava apenas sobre o sentido de tudo isso: por que Deus tinha permitido que eu gerasse essa filha para depois deixá-la sozinha?

Além disso, o seu pai era vinte anos mais velho do que eu e, portanto, eu deixaria minha filha quase recém-nascida com um pai *velho*.

Que absurdo! Que sentido fazia tudo isso?

Nos casamos no civil, entre um ciclo e outro de quimioterapia. Me casei porque estava morrendo e queria que a situação de Sílvia fosse *regularizada* em relação a seus irmãos. Talvez ele também tenha se casado comigo porque eu estava morrendo. *Tantas vezes, ele cobrou o fato de ter se casado comigo, apesar de tudo!*

No dia do casamento eu me sentia terrivelmente nauseada por causa da quimioterapia. A minha boca tinha um gosto metálico, como sempre, e, no espelho, antes de sair, encontrei o olhar de Gaia, que me perguntou: "Mamãe, o que você está fazendo?". Compreendi logo o sentido de sua pergunta. Referia-se ao meu absurdo casamento. Pedi a ela que calasse a boca e vomitei. Ela não sabia que eu estava morrendo, pois eu ainda não lhe tinha dito.

Que irônico o nosso viver! Eu tinha certeza de que iria morrer e não imaginava, é claro, que *ela* me deixaria em desespero.

A guerra com Franco não cessava, apesar da doença. Continuamente, eu tinha de lançar mão de diplomacia e de rios de palavras e de energia para manter um acordo, frágil como a neblina, entre Gaia e o pai de Sílvia. O almoço e o jantar eram os momentos mais terríveis, porque meu marido agia como se a minha filha fosse invisível: se precisava dizer-lhe alguma coisa, dizia a mim, na sua frente, para que eu lhe referisse. Acho que viver naquelas condições deve ter sido terrível para Gaia, mas o que eu podia fazer?

Deveria ter tido a coragem de separar-me novamente, mas a idéia da minha morte e o sentimento de culpa em relação a Sílvia me impediam de fazê-lo. Esperava sempre um milagre, ou seja, esperava que meu marido entendesse o absurdo de suas exigências!

Eu não tinha levado em conta a estupidez humana! O tempo passava e eu sentia, cada vez mais, a diferença entre a minha maneira de viver e a dos outros. A esta altura dos acontecimentos, eu estava sempre atenta, aberta a qualquer manifestação da vida. Era como se sorvesse, instante a instante, gota a gota, tudo aquilo que me acontecia na vida. De vez em quando, me via silenciosa dentro de mim mesma, escutando o som da minha respiração.

Observava, horas a fio, a escuridão de veludo da noite, escutando o som contínuo, imperceptível, mas presente, do Universo. Os meus amigos, as outras pessoas que *corriam* a vida, sem deter-se para respirá-la, viviam em um plano diverso que *eu* talvez não pudesse mais me permitir, porque para mim havia um limite no tempo a ser vivido.

Era estranho. Eu observava os meus amigos, os conhecidos, observava quem me circundava e me parecia estúpido viver sem nunca deter-me para escutar de outra maneira o próprio dia.

Tudo, para mim, andava mais devagar. *Vivia cada coisa como se ela pertencesse apenas àquele momento.* Chegou maio, depois junho, e este era o fim do prazo de seis meses de vida.

Os exames de controle tinham sido mensais. Cada vez que eu tinha que me submeter à ecografia, à gastroscopia, começava a sentir que a minha barriga se *retorcia* de ansiedade.

Tinha pedido aos médicos, que já me conheciam, que falassem o tempo todo durante os exames e me dissessem sempre tudo o que viam, fosse o que fosse!

Encontrei sempre médicos que respeitaram esse meu pedido. Ótimos profissionais, humanos e sorridentes, sem falsa piedade e sem aquela escassa humanidade que, às vezes, os distingue.

Assim, eu e os médicos estabelecemos um diálogo aberto que nos permitia rir, juntos, da minha magreza. Diziam-me que bastava colocar-me contra a luz para ver o meu corpo por dentro. Os órgãos que me "restavam" eram tão visíveis pela aparelhagem, que pediram permissão para *usar-me* em um texto didático para técnicos.

Eles me ajudaram, com a sua alegria, a desdramatizar a situação que eu estava vivendo. Tive sorte e agradeço, porque entre nós sempre houve uma relação muito humana e de respeito recíproco.

Isto me permitiu "trabalhar" a mim mesma com respeito. Permitiu-me também respeitar-me nos momentos de desespero, nos momentos de profundo silêncio, nos momentos de grande medo e de esperança.

A anemia me perseguia. Os tratamentos de choque me fizeram desmaiar duas vezes, nos braços dos médicos, que depois sorriam para mim, sublinhando *que não era assim que se devia fazer os "avanços"* aos homens...! Eu queria manter sob controle os meus exames, não queria que me escondessem nada.

Desde o início da minha doença tive necessidade de *saber* exatamente como iam as coisas e, por isso, decidi olhar pessoalmente no microscópio até as lâminas com os tecidos do meu câncer. Lembro-me de que fui ao hospital de Pádua para receber a confirmação do diagnóstico e, lá, o patologista, que achava que aqueles exames fossem de um parente meu, foi bem explícito ao relatar a gravidade da doença. Quando eu lhe disse que aquelas lâminas eram minhas, quase enfiou a ocular do microscópio no próprio olho! Ri! Descobri que, apesar de tudo, eu ainda podia rir!

Aqueles seis meses de tomada de consciência sobre a minha Morte tinham me impelido a *ler* a vida de outra maneira. Eu buscava, agora, valores diversos, talvez mais profundos, e tudo o que antes eu tinha como dado começou a me parecer sufocante.

Senti a exigência de mudar mais uma vez a minha vida familiar, comecei a perguntar-me por que estava com câncer e por que no estômago. Qual poderia ser o significado mais profundo da minha doença?

Em Paris, me disseram que o grupo sangüíneo de tipo A trazia em si a predisposição para o câncer no estômago, mas isso não respondia realmente à minha pergunta.

Assim, comecei a pensar, quase por acaso, no sofrimento que tinha encontrado nos meus casamentos, nos meus sonhos românticos de outrora, transformados em guerras sem fronteiras, nos meus dias vividos ao mesmo tempo entre o sentimento de culpa e a impotência. Me veio à mente um detalhe: durante a minha primeira experiência matrimonial, quando enfrentei sozinha o ciúme pela outra mulher do meu marido, me sentava no corredor, no chão, e tinha uma enorme vontade de morrer! Era como se, naqueles momentos, tivesse gritado para mim mesma: *Quero morrer!*, sentindo-me incapaz de resolver concretamente aquela situação que meu marido não queria enfrentar abertamente. Não conseguia decidir entre odiar Carlo profundamente ou amá-lo de qualquer maneira, do jeito que era, não me importando com aquela parte da sua vida da qual eu era excluída. Se pensava novamente na dor e no abandono que senti com o fato de eu ter *de* decidir, porque ele não queria essa responsabilidade, meu estômago se *retorcia*, fechando-se inexoravelmente!

Sentia-me absolutamente impotente e transformava essa impotência em vontade de morrer. Às vezes, a tensão me provocava uma náusea incrível, mesmo de estômago vazio. Se eu conseguia vomitar, tinha uma sensação de liberação.

Com o esforço do vômito, eu tentava *jogar fora* a minha dor! Um pouco de cada vez, recordando, intuí que devia concentrar-me na palavra "impotência", se queria compreender o sentido do meu câncer. Também no segundo casamento, de fato, o ponto essencial era aquele: a impotência. Mais uma vez, tinha de ser eu a escolher *uma* das minhas filhas! Compreendi que o amor, para mim, implicava sempre um abandono!

Em ambos os casos, eu não podia ter *tudo*, mas tinha, necessariamente, que renunciar a uma porção de amor! Tinha que assumir a responsabilidade de uma escolha que, para mim, representava privação, ligada a uma situação que *outros* provocavam, mas que, depois, não queriam resolver!

Sentia a *acidez* de uma espécie de chantagem que a Vida tinha colocado no meu caminho: Carlo e a outra mulher, ou nada; no outro casamento, ou uma filha ou outra!

Acabei por compreender que o câncer tinha crescido em mim, devorando-me pouco a pouco, porque "Eu" estava devorando a mim mesma: *comia e fazia enlouquecer aquela parte de mim que queria tudo e tudo não podia ter*.

Ambos eram homens com quem eu tinha me casado. Para dar-me amor, tinham me colocado diante de uma escolha que, de qualquer maneira, era uma violência! Como se faz para aceitar a chantagem gerada pelo amor? Não se pode! *Mas pode-se matar a si mesmo*, como eu tinha tentado comigo.

Compreendi que, mesmo tendo pedido o divórcio, não tinha resolvido nada comigo mesma. Tinha apenas me machucado, obrigando-me a escolher, praticando violência contra mim mesma.

Alguns anos depois, com o segundo casamento, encontrei-me novamente partida ao meio, tendo que escolher entre a minha segunda filha e Gaia, a filha do passado, e a ferida abriu-se novamente, mais forte do que nunca.

Tinha a mesma sensação de ser impotente diante desse meu amor que queria *tudo* a qualquer custo. "Trabalhei" a mim mesma, meses a fio, sobre esse ponto, mas Gaia foi morar com seu pai, depois de um longo período de guerras psicológicas mais ou menos sutis. Eu estava sozinha, derrotada, mas com um *marido* que era um pai *decente* para Sílvia.

Perguntei a mim mesma qual era o sentido do conceito de casamento e qual seria a comunhão que ligava meu marido e eu. Me dei conta de que o orgulho e o juízo de *estar errada* tinham me arrastado à impotência de escolher. Sentia-me culpada por ter falhado também no primeiro casamento.

Acreditava ser "incontentável" e me vinham à mente as palavras de minha mãe, carregadas do sentido de dever e de sacrifício em nome da *família*. Mas o que era a *família*? A unidade entre duas pessoas que se respeitam, que mantêm um diálogo contínuo, uma troca que leva a um crescimento em nome do amor e da amizade gerada em anos de convivência. Sonhos? Sonhos! Seria também este fruto do otimismo romântico da adolescência?

Onde estava o respeito? O Amor não seria, talvez, respeito e compreensão? Eu não conseguia entender, mas não podia aceitar o fato de ter errado também no segundo casamento. Vivia pensando ser a única responsável por aqueles fracassos. Sempre fui muito drástica e dura comigo mesma e, confesso, também muito orgulhosa. Nunca reconheci a necessidade de ajuda que, de vez em quando, sentia gritar dentro de mim. Tinha que resolver tudo sozinha, tinha obrigatoriamente que estar à altura de qualquer situação.

Esta era a lei que havia aprendido de minha mãe, o eixo da educação que recebi. O senso de dever tornava-se uma obrigação e me forçava a encontrar em mim a responsabilidade por todos os fracassos dos encontros da minha vida. Aquele juiz inflexível, castrador e punitivo que eu tinha dentro de mim obrigou-me a chegar a ponto de quase *me matar* para pagar pelos meus erros e de *me redimir dos meus pecados*! Não imaginava que isto podia ser presunção, mas era, e me dei conta tarde demais.

Percebido este mecanismo de autodestruição, decidi que queria viver a qualquer preço. Decidi que ao menos tentaria, de todas as maneiras, fazer a escolha de viver bem, sem autopunição, dividindo as responsabilidades ao menos pela metade com os meus maridos.

Lancei mão da mesma tenacidade que tinha dirigido, antes, *contra* mim mesma, a meu favor, e decidi aceitar qualquer tipo de cura alternativa que a vida me oferecesse. A macrobiótica, o *ayurveda*, a pranoterapia começaram a fazer parte da minha experiência e, depois, *transformei a quimioterapia em um jogo comigo mesma*, para torná-la menos pesada e danosa. Fazia ciclos de três semanas: cada dia uma sonda, depois *uma semana de trégua*, que eu passava vomitando no banheiro, com um horrível gosto metálico na boca que nunca desaparecia!

Durante vinte e um dias eu me via sozinha, enfrentando uma terapia que durava cerca de duas horas. Para tornar a vida mais fácil naqueles momentos, imaginava que, pelo líquido que me era injetado, entrasse no meu corpo um exército de soldados a cavalo, armados de lança, liderados por um comandante cuja missão era desencovar o *inimigo*: as células cancerosas que tinham escapado à cirurgia. Por quase duas horas os soldados corriam dentro do meu corpo, atravessando pradarias, vales, desertos e montanhas, prontos a trespassar com suas lanças os inimigos que tivessem escapado ao ataque precedente. Quando tinha sido atentamente perscrutado, o comandante me fazia o seu relato, de dentro do fígado, que era a zona mais perigosa.

Se não parecesse louca, poderia dizer que fiz amizade, naqueles seis meses, com este comandante que, suado mas sorridente, me dava tranqüilidade em relação à operação de controle desenvolvida por ele e seus soldados a cada dia. Ao final de cada sessão, encontrávamo-nos ambos satisfeitos e radiantes. Obrigava-me, naquele período, a sair e fazer tudo o que normalmente teria feito durante o meu dia: trabalhava, cozinhava, dirigia e assim que me sentia cansada, com *aquele tipo especial de cansaço*, lutava ainda mais, obrigando-me a reagir!

Um dia, eu estava recostada no sofá em busca de um instante de trégua, escutando um bolero de Ravel, quando, *por acaso* (agora eu sei que nada acontece por acaso), imaginei que descia ao interior do meu corpo, seguindo um caminho de luz suave, ao ritmo do bolero. Comecei a respirar mais profunda e lentamente. Por meio da respiração, achei que iluminaria melhor o percurso que estava realizando, a ponto de tentar ver os órgãos internos do meu corpo. Enquanto eu caminhava, ao meu redor havia escuridão. Parecia-me, até, estar sentindo a umidade e o frio. Pensei que a luz também pudesse ter trazido calor. Assim, por brincadeira, aumentei o ritmo da respiração, imaginando uma bomba que se movia sem trégua.

Absorvia a luz e, expirando, empurrava-a em profundidade, para o ponto que percebia mais escuro: o espaço vazio do estômago.

Parecia-me que a luz tinha a força de empurrar aquela escuridão para longe e, uma vez que não sabia para onde canalizá-la, imaginava que, em certos pontos do meu corpo, houvesse aberturas. Quando via que a luz, por meio da respiração, tinha empurrado toda a escuridão, por exemplo, para o centro da minha barriga, seguindo o compasso da música, jogava-a para fora do meu corpo, pelo umbigo; ou, então, pelos outros pontos que, na minha opinião, permitiam uma troca com o exterior: a garganta, os cotovelos, os joelhos, os dedos, as orelhas, a boca, o topo da cabeça.

Assim, cheguei ao fim do bolero e a escuridão tinha saído completamente do meu corpo. Estranhamente, tudo estava branco, com uma luz incandescente e quente! Experimentei o prazer de um jogo bem-sucedido! Achei-o tão fascinante que decidi, dia após dia, tentar novamente. Reencontrava a escuridão dentro de mim e a cada dia me desafiava a fazê-la sair, substituindo-a pela luz e pelo calor. Todo o procedimento durava o mesmo tempo do bolero.

Lentamente, percebi que, assim fazendo, conseguia ver todos os órgãos do meu corpo. Via o meu único rim, um pouco inchado, um pouco maior do que o normal e via o vazio deixado por aquele que tinha sido extirpado. Conseguia perceber o meu intestino e seguir a luz que escorria, como um pequeno rio, por todo ele.

Às vezes, as imagens me pegavam de surpresa, obrigando-me, por curiosidade, a pegar o meu livro de anatomia da universidade, para fazer um controle rápido e curioso do que tinha acabado de ver. Surpreendentemente, tudo correspondia à realidade.

Recordei-me de que, quando estudava, cada texto que lia ou traduzia se transformava, imediatamente, em um filme. Os gregos e os romanos, a *Odisséia* e a *Ilíada*, os movimentos revolucionários, o desembarque de Garibaldi, todos os filmes que eu tinha visto nos mínimos detalhes. À medida que lia, as imagens se acendiam dentro de mim, em cores: estudava a Austrália, via a Austrália, via como era a terra, a sua extensão, a sua gente. Estudava o gêiser, via os gêiseres. Estudava biologia, via o interior das células, o citoplasma, o núcleo e os tecidos, os ossos.

Assim, não me surpreendi muito ao ver os órgãos, quanto à exatidão da correspondência entre imagem e realidade física! Impressionou-me também a luz que via, tão intensa e dourada que entrava e preenchia o meu corpo, sob o meu comando. Às vezes, havia pontos em que a escuridão tinha muita dificuldade em sair e eu tinha que aumentar a intensidade da minha respiração. Ajudava-me, então, massageando um pouco aquela parte com as mãos, tentando também relaxar mais, dissolvendo as tensões do meu corpo com um pouco de doçura. Ao final, o meu físico tornava-se resplandecente e eu me sentia como uma tocha acesa.

Os meses passavam, os controles permaneciam constantes, a

cada três meses. A cada controle, continuava o diálogo com os médicos, em respeito ao meu pedido de me contarem tudo sempre.

"Eu não estou morta — dizia a mim mesma — ganhei um dia, ganhei dois, mas isso não elimina o fato de que vou morrer." Não queria iludir-me, tentava permanecer em contato com a morte para não ser pega de surpresa.

Assim, passei o verão observando a intensidade das cores de todas as coisas, sentindo o calor sobre mim e dentro de mim. O sol, que os médicos tinham me proibido, era, ao contrário, para mim, uma fonte incrível de energia. Ficava *assando* horas e horas e sentia que, assim, o meu corpo recarregava as *baterias*, descarregadas pela doença. Talvez seja estranho, mas ainda reconheço o câncer nas pessoas pelo gelo que me invade o corpo, de repente. Eu realmente não conseguia mais viver como antes. Estava mergulhada em um estado mais profundo, mais aberto e mais agudo do que aquele que caracterizava o viver dos outros. Lentamente, afastei-me dos amigos e dos jantares, dos encontros superficiais, mas não me isolei. Procurei pessoas diferentes, mais parecidas comigo ou com o que eu tinha me tornado. Era como se eu vivesse no interior de um plano mais profundo, no qual percebia ter uma tridimensionalidade que os outros não possuíam. As pessoas pareciam-me rasas, eu as sentia como folhas de papel: um lado vertical e outro horizontal. Tinha a impressão de *possuir a profundidade*, sentia-me como um cone, cujo vértice estava dentro da minha barriga e a base circular, aberta ao infinito, projetada para fora de mim. Era uma sensação engraçada.

Porém, foi realmente por meio dessa *profundidade* que me dei conta de que podia perceber na minha barriga, como se fossem minhas, a ansiedade, a dor, a angústia de quem encontrava, até por acaso, pela rua.

Até falando ao telefone eu sentia a tristeza velada ou a dor escondida na inflexão da voz de quem se comunicava comigo, em alguns momentos. Comecei a pensar que tinha me tornado uma espécie de *radar receptivo* ativado pelo fato de ter entrado, lentamente, em contato com aquela *profundidade*.

Aos poucos, os controles médicos passaram de três para seis meses. Depois, quase em silêncio, reacendeu-se em mim a idéia de que talvez *eu vivesse*. Mas a minha concepção da vida, a esta altura, tinha mudado radicalmente.

Aceitei a idéia de que talvez vivesse, mas não consegui mais pensar na velhice, no amanhã. Tinha aprendido a viver cada dia, tinha entendido muito profundamente o significado das palavras *"aqui e agora"*.

Tinha compreendido que a realidade pode mudar de repente e não tem sentido viver do futuro. À medida que recomeçava a viver, me dava conta de que, cada vez mais, o meu casamento tinha se tornado uma jaula. Externamente, eu tinha tudo o que uma pessoa pode desejar; por dentro, vivia um vazio feito de incomunicabilidade e de incompreensão. Nossos mundos interiores estavam distantes.

Às vezes, sentia uma profunda sensação de náusea. Minha barriga se rebelava fisicamente, enviando-me claras mensagens de tensão e de ansiedade. Descobri que, cada vez com mais facilidade, o meu corpo me contava sobre o mal-estar da minha alma.

A dureza que meu marido exercia sobre mim e a sua rigidez contrastavam de forma violenta com o fato de eu ter aprendido a viver cada coisa na sua totalidade, a cada instante, em contínua, aberta e silenciosa atenção.

Se me permitia ser eu mesma, ler, ou, cansada da televisão, se preferia ouvir um pouco de música ou ficar tranqüila pintando, meu marido opunha-se com arrogância, queixumes e chantagens afetivas. Não havia nem respeito, nem compreensão, e uma parte de mim já começava a se rebelar.

Aquela parte de mim sedenta de uma vida diferente, que não queria mais viver de acordo com leis fixas e banais, pedia para ser aceita e vivida. Às vezes, chorava e encontrava no choro uma forma de alívio que, depois, fazia com que me sentisse mais leve e serena. Eu tinha que me decidir a agir, a romper aquela espécie de jaula de ouro que me parecia sem saída. Começava a sufocar e tinha vontade de voar, leve. Havia *"aquela"* parte de mim que se tinha reacendido e queria *agora* viver bem.

Uma pulsão, uma energia parecida com aquela que tinha percebido dentro da terra e nas árvores durante a primavera, fez com que eu me decidisse que iria embora, me separaria mais uma vez. Não foi uma escolha fácil.

Franco, de certa forma, ajudou-me a decidir porque manifestava, cada vez com maior violência e arrogância, seu ódio contra minha filha Gaia. Cheguei a ponto de não poder mais sequer encontrá-la e, se lhe telefonava, à casa de seu pai, meu marido começava a debochar, imitando tudo o que eu lhe dizia, gritando para que também ela, do outro lado da linha, pudesse ouvir suas ofensas.

Que homem *estranho*! Por que o tinha escolhido como companheiro? Pois é, por quê? Precisava de alguém que fizesse com que eu me sentisse importante.

Tinha procurado, inconscientemente, alguém que reconhecesse

em mim um valor, e ele, de fato, o reconhecia em mim, mas somente se eu me submetesse às *suas regras*.

Para *ele*, eu era importantíssima, mas só se eu fosse o que *ele* quisesse. Como é engraçado ver de quanta estupidez se pode lançar mão para salvaguardar-se, em nome da própria segurança.

Gaia representava o fruto do meu passado. Eu tinha uma relação de amizade boa demais com o meu ex-marido para que Franco pudesse sentir-se seguro. Meu marido, então, ajudou-me a encontrar a porta da jaula. Obrigou-me realmente a entrar em *rota de colisão* com ele no dia em que fui — escondido, é claro — encontrar minha filha e sofri um acidente de carro. Voltei para casa com o carro arranhado e Sílvia, toda agitada, contou imediatamente a seu pai — apesar de eu ter pedido que não falasse — o que tinha acontecido e, obviamente, citou também sua irmã. Franco transformou-se numa hiena!

Por mais de um mês não me deu dinheiro para fazer as compras de supermercado e fui obrigada a recorrer a meu pai. Tirou-me a chave do carro, escondeu as minhas jóias, talvez com medo de que eu as vendesse, *bateu tão enlouquecidamente* tantas portas que *aquele* barulho até hoje me é insuportável.

Talvez ele esperasse, com o seu comportamento, que eu desistisse de ver minha filha e de falar amigavelmente com o pai dela. Mas eu não agüentava mais as suas chantagens idiotas, os seus caprichos cretinos. Já antes que Sílvia nascesse, por dois breves períodos, tinha ido embora de casa com Gaia, esperando que ele compreendesse alguma coisa sobre aquele seu ciúme absurdo. Às vezes, respondendo à chantagem com chantagem, talvez alguma coisa mudasse! Mas nada: tantas promessas para obrigar-me a voltar, e depois nada mudava, pelo contrário, a sua frieza piorava, porque sentia-se vitorioso por ter me feito voltar para casa!

Quando ele viu que seus berros tinham se tornado inúteis, começou a implicar também com Sílvia, como se, por intermédio dela, me punisse. Ele estava tão enlouquecido que comecei a ficar com medo. Tinha chegado a um tal estado de tensão e de angústia que eu quase já não conseguia mais respirar.

Ele não queria a separação. Já tinha dito isso muitas vezes, e me chantageava ameaçando ficar com Sílvia se eu fosse embora. Durante uma discussão, perguntei-lhe por que ele queria ficar com a menina, em caso de separação: ele não tinha nem tempo nem vontade de cuidar dela. Ele me respondeu que o fazia contra mim, procuraria uma empregada que cuidasse dela!

A questão era, portanto, levar Sílvia comigo sem ter contra mim uma denúncia legal por subtração de menor — o advogado que eu tinha consultado tinha sido claro! Na última noite que fiquei naquela casa, tinha acabado de tomar banho, quando ele encontrou uma desculpa para começar a berrar, mas eu me obriguei a ficar em silêncio, a respirar, para tentar ao menos não agravar a situação, que já era insustentável. Desci até a garagem, procurando um pouco de paz, e ele me trancou lá dentro, a chave. Fiquei lá a noite toda, com o roupão molhado sobre o corpo e, de manhã, por acaso, quem abriu a porta foi a empregada, que me olhou espantada.

Por vontade de Deus, e não por acaso, na noite seguinte ele não voltou para casa, pela primeira vez em todos aqueles anos. Telefonei ofegante ao advogado e lhe disse que ia embora: era quase meia-noite! Ele me relembrou que, se eu fosse embora levando comigo a menina, deveria, logo no dia seguinte, apresentar denúncia contra meu marido ao tribunal. Concordei e recolhi da casa tudo o que pudesse me ser útil e levei para a casa dos vizinhos. Continuei correndo pelo jardim para cima e para baixo, não sei quantas vezes, transportando roupas e objetos, com o coração na boca, aterrorizada com a possibilidade de que ele, de repente, voltasse. Pensei que aquela noite fosse o maior pesadelo da minha vida, mas estava enganada.

Ao amanhecer, de repente, vi minha mãe atrás de mim. Fiquei

paralisada olhando para ela, que tinha morrido quatro anos antes, mas o seu rosto, muito nítido, me olhava com doçura. Não me dizia nada, mas, estranhamente, havia aprovação em seus olhos. Fiquei admirada. Respirei fundo e, sorrindo depois de tanto tempo, senti-me amada e, de alguma maneira, protegida. Peguei Sílvia, que ainda dormia, coloquei-a no carro junto ao meu cachorro e fugi para Verona, para a casa de meu pai, que me esperava. No dia seguinte, voltei a Veneza para apresentar denúncia. Meu marido havia solicitado ao juiz que Gaia e eu nos submetêssemos a uma perícia psiquiátrica.

Fomos contar a nossa história ao psicólogo escolhido pelo tribunal e este solicitou que meu marido e Sílvia passassem por uma perícia semelhante. Sílvia *pintou em cores sobre folhas de papel* os seus problemas e *brincou-os por meio de bonecos e construções* com o psicanalista. Passados cerca de dois meses de encontros, nós, *mulheres*, saímos cansadas, vazias, mas vitoriosas daquela aventura. Eu obtive a guarda de Sílvia e meu marido encarou o juiz, mas não a si mesmo.

A minha estrada tinha tomado uma trilha diversa, longe dos meus amigos, da minha cidade, até de Gaia, que ainda morava em Veneza com seu pai. Eu ainda não sabia ao encontro de que estava indo. Não sabia que, novamente, tinha pouco menos de seis meses de vida.

É óbvio que Franco não me procurou. Como ele era excessivamente arrogante, sequer telefonou. A sua rigidez, o seu egoísmo, ou talvez simplesmente a sua estupidez, não lhe permitiam.

Comecei a trabalhar na ótica de meu pai e, com isso, conseguia me manter. Não gostava do trabalho na loja, mas me consolava pensando que vender óculos e verificar a visão talvez fosse mais inteligente do que vender outros objetos. Sufocava-me um pouco a obrigação dos horários e o fato de ter de ficar tantas horas no mesmo lugar, ainda que, muitas vezes, ninguém entrasse.

De qualquer maneira, eu tinha de me sustentar, pois havia assumido a responsabilidade de me separar! Assim, aprendi a fazer com que as pessoas vissem com os *"olhos da mente"*: as lentes. Eu ainda não sabia que, mais tarde, teria aprendido a fazer com que as pessoas vissem com os *"olhos do Coração"*.

Transcorreram ainda dias cheios de sentimentos de culpa, de incertezas, de medo de ter errado. Sentia-me responsável por ter levado a pequena Sílvia para longe dos seus companheiros, dos nossos amigos e da nossa velha casa.

O silêncio de meu marido aumentava as minhas dúvidas, fazia com que eu me sentisse uma mãe desnaturada! Telefonei-lhe um dia, de repente, e, num impulso, pedi para vê-lo, para conversar, mais uma vez, sobre a nossa situação.

Alguns meses tinham se passado e eu *ainda* tentava um diálogo, queria a sua compreensão!!! *Ainda* me parecia absurdo que ele não me entendesse, e eu talvez esperasse que a nossa fuga tivesse causado um milagre! Que estupidez a minha! Esperava que a sua arrogância tivesse desaparecido, mas me dei conta, encontrando-me com ele, de que o seu orgulho e a sua terrível presunção de estar do lado certo, ao invés de diminuir, tinham aumentado.

Os mesmos discursos sem sentido, a mesma chantagem sobre a escolha entre as minhas filhas pareciam fazê-lo sentir-se vitorioso. Pensei: "Talvez ele ache que o *meu* telefonema tenha sido um ato de rendição e de aceitação das suas condições". O fato é que me dei conta de que tinha diante de mim um muro de estupidez granítica. Rebelei-me, com raiva, contra a sua idiotice e o seu egoísmo obtuso!

Virei-lhe as costas para ir embora, mas ele me deteve e me gritou na cara: *"Tomara que a tua filha Gaia morra e que o seu sangue se derrame sobre você! Tomara que o seu pai morra, assim você vai aprender!"*.

Gelei. Fiquei atônita, paralisada pelo terror. Um bloco de gelo.

Lembro-me de que tive falta de ar e a minha barriga apertou-se numa contração violenta. Com quem eu tinha me casado? Com um monstro de egocentrismo ou com um idiota? Provavelmente, com as duas coisas!

O ódio que corria com o silêncio criado por aquela espécie de maldição e a crueldade daquele ódio me permitiram reagir, virar as costas e ir embora.

"*Via*" correrem dentro de mim as suas palavras incandescentes, que queimavam e deixavam uma chaga dolorosa, como um rastro de fogo que queimava, queimava, meu Deus!, como queimava! "*Como é que ele pode, como é que ele pode desejar-me isso!*", dizia a mim mesma. Era uma dor intolerável. Eu compreendia que, juntos, todos aqueles anos, não tínhamos criado *nada* entre nós. Nada, nada. Nenhum respeito, nenhum amor, nenhuma doçura. Nada, nada.

Anos de vida feitos de *nada*. Compreendi que nem a minha experiência com o câncer, nem o meu sofrimento, nem o meu medo da dor e da morte o tinham tocado. Lembrei-me, de repente, de que nem uma única vez ele tinha me acompanhado a um médico ou a uma sessão de tratamento. Lembreime, com sofrimento, da sua constante ausência no meu percurso com o câncer. Sozinha! Estive sempre sozinha. E estava sozinha também naquele momento.

Nem mesmo no dia da operação ele tinha vindo me ver. Sozinha, estava sozinha. Como sempre!

Estúpido, arrogante, egoísta, gritava, então, dentro de mim. Depois, saiu-me algo ainda pior e só então consegui me mexer, cortando o fino cordão umbilical que ainda me ligava a ele. Era dia 11 de novembro de 1990. Vou me lembrar para sempre, era 11 de novembro e eu não sabia, ainda, o que me reservava o futuro.

Sábado, 24 de novembro, às 9 horas, eu estava na loja, não havia clientes e eu lia um livro. Era novembro, fazia frio. Havia umidade no ar e eu estava sentada com as costas apoiadas no radiador porque o meu rim *pedia* calor.

Era um dia sombrio, cinzento. Eu não tinha nada para fazer, olhava do outro lado da vitrine as pessoas que passavam, havia uma estranha atmosfera! Sílvia estava na escola, Gaia tinha me telefonado de Veneza na noite anterior, avisando-me que iria com seu pai para Viterbo. Perderia um dia de escola. Estava um pouco magoada com o seu pai, ultimamente. Achava, de fato, que Gaia perdia aulas muito freqüentemente. Era o último ano de liceu, tinha os exames, era importante que se empenhasse mais! Esses pensamentos passavam lentamente e com um pouco de irritação pela minha cabeça. Me dava conta, porém, de que eu já não podia intervir tanto nas *suas* escolhas. Eu tinha sido marginalizada pela possibilidade de intervir nas decisões de minha filha quando ela foi morar com seu pai. Definitivamente, pensava, talvez seja melhor assim! Às 12h30 fechei a loja. O ar estava pesado e úmido.

Odeio a umidade. Pensei novamente no fato de que tinha vivido tantos anos em Veneza, *em meio à água*, e me arrepiei. Fui buscar Sílvia na escola e depois fomos para casa. Sentia uma grande necessidade de calor. Pensei que talvez estivesse um pouco gripada. Era estranho aquele mal-estar, há muito tempo não me sentia assim, fria e pesada por dentro.

Enquanto viver, vou me lembrar de um grande bife que tinha

comprado, naquele dia, para Sílvia. Estava preparando o bife, em meio a uma grande nuvem de fumaça, quando tocaram a campainha: eram 13h30. Deixei a carne no fogo e fui atender à porta. Vi-me diante de dois policiais, *que não me olhavam nos olhos*. Perguntaram-me se eu era a mãe de Gaia de Marchi e mulher de Carlo de Marchi. Respondi que sim, que era a mãe de Gaia e divorciada de seu pai. Tinham um papel na mão. Comecei a me sentir mal. Não sabia por que, mas estava mal.

Entregando-me o papel, um dos policiais, *sempre sem me olhar*, me disse que eles tinham sofrido um acidente de carro e que no papel havia o número de telefone da polícia rodoviária de Viterbo. Depois, foram embora. Por que não me olhavam nos olhos? Um segundo feito de uma pergunta muda e absurda! Depois, por uma outra fração de segundo — uma fração de segundo longa —, uma eternidade, fiquei imóvel. Senti um *crack* dentro de mim e já estava ao telefone. E não entendia mais nada! A polícia continuava a me repetir:

"Não venha até aqui sozinha!". *Uma voz "minha", que não tinha som*, berrava para meu marido "te odeio, te odeio, te odeio desgraçado, te odeio" e me lembrava das suas palavras, treze dias antes: *"Tomara que a sua filha Gaia morra e que o sangue dela se derrame sobre você! Tomara que o seu pai morra, assim você vai entender!"*. *Uma outra voz "minha", aquela com o som das palavras*, dizia ao telefone: "Estão em estado grave? Estão na terapia intensiva?". "Venha imediatamente, mas não sozinha! Venha imediatamente, mas não sozinha!" Por que não sozinha?

A Voz interior, muda, gritou: "Estão ambos mortos!"; a outra voz disse: "Não! Não é possível!". A voz muda repetiu: "Você sabe que estão mortos".

Depois, comecei a gritar com todas as minhas forças. Peguei minha filha pequena, levei-a para o andar de cima, onde estava a babá que cuidava dela enquanto eu estava na loja, chamei meu pai e partimos para a viagem mais longa da minha vida.

Meu pai guiava em alta velocidade na auto-estrada, mas eu lhe disse: "Vá devagar, vá devagar. Não adianta correr! Não adianta! Eles estão ambos mortos!". "*Eu*" sabia que a verdade era essa. Naquelas seis longas horas, que levamos para cobrir a distância entre Verona e o hospital de Viterbo, revi toda a minha vida.

Era como se os acontecimentos se sucedessem, uns depois dos outros, sem que eu controlasse, pedaços de filme que se acendiam. Imagens de momentos que eu tinha esquecido e *dentro de mim havia aquele choro, aquele choro desesperado*! Era como se *dentro de mim* acontecesse uma lenta, contínua destruição por meio do retorno de todas aquelas imagens do meu passado. Revi o amor por Carlo, o casamento, o nascimento de Gaia, as dores do parto, os passeios pela praia, as brigas, a doçura, o desespero.

Em alguns momentos, saía daquele estado e dizia: "Senhor, te imploro, faça com que não esteja morta, que esteja paralisada, mas não morta". E depois, imediatamente, continuava: "Senhor, não me escute, faça com que esteja morta, antes que paralisada! Ela não aceitaria, aos dezoito anos, ficar paralisada: Senhor, ela tem dezoito anos, não paralisada, te imploro! Antes que paralisada, mesmo que eu sofra mais, faça com que esteja morta".

A auto-estrada não acabava mais. Eu estava com a cabeça apoiada na janela e o vidro estava embaçado, assim como eu, dentro de mim: neblina através da qual as imagens da minha vida passavam enevoadas, assim como passava a paisagem.

Quando chegamos, do lado de fora do hospital, aquele estranho tipo de calma que eu sentia, ligada à certeza de que estavam ambos mortos, desapareceu de repente e comecei a correr como uma desesperada. Corria. Corria. Corria com o coração na boca, apertado, e meu pai, ofegante, tentava seguir-me. A certeza da sua morte era tal que, quando chegamos ao pronto-socorro, perguntei logo onde estavam os corpos e, *no final, estavam ali, onde deviam estar.*

No momento em que entrei no necrotério e vi os dois *"assim!"*, o meu coração parou. Talvez dizer que parou seja demasiadamente simples. Meu coração parou porque a minha carne se rompeu. Senti como se uma parte da minha carne se descolasse. Senti no alto, do lado esquerdo do peito, uma parte de carne que fazia um barulho estranho e se descolava. Ouvi *dentro* uma espécie de urro desumano, como se se abrisse uma voragem e dela saísse um urro inundando cada parte do corpo, *até que o meu corpo desapareceu e transformou-se num urro*. Minha filha tinha um olhar aterrorizador. A sua boca, os seus lábios tinham se rompido com o choque, partidos, fragmentos de vidro contornavam o seu rosto e, naquele momento absurdo, pensei, absurdamente, quanto dinheiro eu tinha gastado para endireitar os seus dentes.

Mas quem pensava? Eu não pensava.

Eu urrava, desesperada. Quem pensava?

Os seus olhos me faziam enlouquecer por *dentro*. Havia um

medo no seu olhar que tinha se cristalizado. Estava impresso ali. Não era espanto, era medo, o medo do que tinha vivido naquele último momento.

Seu pai tinha um rosto sorridente, como se estivesse em uma outra situação. "Sorria", era inacreditável, mas "sorria". Não estava sereno, "sorria".

Naquele momento, explodiu dentro de mim uma assombrosa devastação. Eu não tinha mais vida passada, nem presente, sentia apenas o impulso de correr em direção a um e a outro ao mesmo tempo. Estavam próximos, mas não o suficiente para que eu conseguisse tocar em ambos com as minhas mãos! Eu não tinha braços suficientemente longos! E me sentia como que dilacerada por não conseguir compreender a quem deveria abraçar em primeiro lugar. Por que os meus braços não eram grandes, para que eu pudesse abarcar os dois juntos? Meu Deus!, como eu gostaria de alongar o meu corpo! *Éramos uma família. Toda* a minha família, e eu não podia abraçar ambos! Até naquele momento eu tinha de me separar! Dividir-me.

Meu Deus! Quanta dor naquele dividir-me sempre e sempre. Através das minhas lágrimas, um rio transbordava, um rio indecifrável, indescritível, feito de séculos de sofrimento humano, feito da dor da humanidade inteira que a água salgada do choro encerra na sua transparência e salinidade. Chorava, em mim, cada mãe que chorou o rasgo lacerante da morte dos filhos. Cada pessoa que sofre torna-se uma criança dilacerada pela dor, pelo medo da incógnita que o sofrimento traz consigo, com a perda das certezas e do conhecido.

Uma vida assim destruída. Um passado fechado de repente. Uma família destruída.

Minha filha com aquele olhar tão cheio de terror, os cabelos irreconhecíveis. Tinha cabelos longos. Agora pareciam talvez cortados, amassados, colados, retorcidos em volta da cabeça! Meu marido continuava a sorrir, como se tivesse burlado, de alguma maneira, a vida e a mim.

Olhava para minha filha, agora não ousava mais tocá-la. Entendi por que os meus braços não se tinham alongado o suficiente: me horrorizava a idéia de sentir a morte sob as mãos. Preferia observá-la por aquele fino véu que a cobria... e *vi* aqueles pedacinhos de vidro da janela do carro! Aqueles pedacinhos de vidro que poderiam feri-la!... E consegui erguer o véu. *Tinha de* removê-los. Tinha que remover aqueles pedaços de vidro! Sentia que era preciso. Aqueles cacos de vidro podiam feri-la! Meu Deus, que absurdo! Que sofrimento! Tudo era loucura e desespero. O que poderia ainda ferir minha filha? A Morte já a tinha ferido, sugando-lhe a vida em um instante! Era um desespero tão profundo que não encontro, nem mesmo agora, termos para expressá-lo.

A minha carne se descolava, isto eu sentia claramente. Olhava os seus lábios e as suas unhas e dizia para mim mesma: "Aquelas unhas fui eu que fiz, levei nove meses para construí-las, célula por célula, nutrindo-as para que crescessem". Olhava a sua carne e compreendia que era a minha, compreendia que uma parte de mim tinha ido embora para sempre. Uma parte adolescente de mim, uma parte de *mim*, profunda, estava morta. Estava ali e eu podia vê-la!

Na noite da morte de Gaia e Carlo, por volta das 22 horas, meu marido chegou ao hotel em que eu estava.

Não sei como ele ficou sabendo do acidente. Subiu até o meu quarto e me disse que tinha vindo me buscar porque *agora* eu podia voltar para ele! Claro, estavam ambos mortos, *agora*, na sua opinião, eu podia voltar! Mortos, ambos, o problema estava resolvido! Ele era *bom* e me levava de volta para casa! Eu o olhava, e olhava, e olhava... Ele não podia ser tão estúpido! Não conseguia fazer outra coisa senão olhá-lo e olhá-lo novamente.

Não havia mais uma única palavra que pudesse vir de mim, nenhuma. Eu estava como que embasbacada. É mesmo! Estavam mortos! A estrada asfaltada, dividida ao meio pela linha contínua, tinha desaparecido. Eu podia voltar para casa. Não sei que parte de mim ordenou ao meu cérebro que usasse a voz para dizer-lhe, cansada, muito cansada, que fosse embora. "Por favor, vá embora. Por favor, vá embora." Não tinha sequer perguntado como eu estava naquele momento! Não tinha sequer visto os meus olhos que tinham *desaparecido, tinham se transformado em choro*. Não tinha sequer se desculpado pelas palavras urradas quinze dias antes. Não tinha sequer perguntado se eu estava morta ou viva. Não tinha sequer olhado com um pouco de piedade a minha alma despedaçada. Era normal que eu voltasse para casa. Ele não teria mais problemas, estavam mortos! Fechei lentamente a porta do quarto atrás dele. Eu não conseguia sequer desprezá-lo, não tinha forças.

Depois, tudo veio sob a forma de uma terrível dor.

O transporte dos corpos foi feito para Verona. O cemitério. O vazio por aceitar. Cada vez que tocavam a campainha ou o telefone eu pensava: "É Gaia". Às vezes, eu corria... e me detinha. Obriguei-me a voltar ao trabalho. Mas a morte caminhava em mim. O meu corpo tinha se encarquilhado como se uma repentina magreza me tivesse bebido. E as minhas costas estavam curvas. Cargas de esqueletos pesados para carregar.

A imagem que a vitrine da loja refletia de mim, obsessivamente, era a de um esqueleto vazio e dobrado sobre si mesmo. Eu tentava endireitar as costas. Eu tentava encontrar um sentido em minha outra menina pequena. Mas o sentido não vinha. O vazio. E no vazio não há nada.

Tinha uma enorme fotografia da minha filha, seu rosto estava sorridente, os seus lábios inteiros e serenos, macios, vivos. Diante daquela foto me aparecia, constantemente, a sua imagem devastada pelo acidente. Qual era a realidade de minha filha? Aquela de antes ou depois do acidente?

Como deveria lembrar-me dela para não perder o contato com a realidade da minha vida? Devia aceitá-la morta e lembrar de seu rosto destruído? Ou lembrar-me dela viva, fingindo que a minha vida não tinha mudado?

Com esta pergunta, que nascia dentro de mim contra a minha vontade, que era a de esquecer a sua morte, não conseguia fazer nada além de chorar desesperadamente. Como gostaria de ter sido eu no seu lugar! Sentia-me capaz de suportar a dor, "aquela" dor de quando a vida é arrancada. Já tinha quase conseguido com o câncer, ela não! Na minha opinião, ela não estava preparada para morrer, não podia estar, era jovem demais e cheia de planos para o futuro. Eu não tinha mais planos, vivia justamente *aqui e agora*. O *aqui e agora* naquele momento foi eliminado e eu fui trazida de volta, a viver no passado. A viver de lembranças, sentindo em mim, devastador, o sentido da perda. Nunca mais o contato dos seus cabelos compridos e sempre enredados numa maçaroca, porque nunca os penteava o suficiente.

Nunca mais ouviria a sua voz, que dizia do *seu* jeito, *mamãe*. Nunca mais as discussões e palpites sobre o que fazer. Nunca mais a sua risada e os problemas com os seus amores! Nada. Somente o passado podia restituí-la a mim. Mas o passado não existia mais, era impalpável, era dolorosa lembrança sussurrada pela memória. Não existia, era uma fábula cruel, sem sentido, sem justificativas. Como viver? Como enfrentar a cada segundo aquele meu coração que, teimoso, surdo aos meus pedidos de morte, continuava a bater?

Por que o meu coração não obedecia à minha ordem imperiosa? Por que viver? *Quem* queria viver? Eu não, eu queria morrer, logo. Agora, dizia a mim mesma: "Quero morrer". Agora. Agora. Nem um instante depois. Agora. Mas nada acontecia.

Contei a Sílvia o que tinha acontecido num dia em que estávamos juntas no carro.

Não sabia como lhe dizer. Que palavras "verdadeiras", porém "não dolorosas demais", eu poderia usar para comunicar que um amor não existe mais?

Não encontrei nada além da Verdade para contar, engolindo o meu choro e a minha angústia.

Sílvia se encolheu num canto do carro, forçando-se a olhar para fora da janela, quase por pudor daquele seu choro silencioso. Foi difícil reacender o motor do carro para recomeçar a viver. Ambas sabíamos, na mesma medida. Diante da morte não há diferença de idade que proteja da dor. Era grande o amor entre elas, ainda que fossem filhas de pais diferentes. Gaia freqüentemente a levava para passear com seus amigos, enquanto lhe foi permitido, depois a encontrava às escondidas. Meu Deus! Quanta estupidez neste mundo! Tudo estava perdido e nós estávamos "devastadoramente" vivas.

Renascer

Poucos dias depois, começavam as festas de Natal. As pessoas enfeitavam as casas e a cidade se vestia de luzes coloridas e cintilantes. Eu era circundada, obviamente, pela atenção de meu pai, de minha irmã, e diria que era vigiada de perto. Eles mantinham o controle sobre mim e eu me sentia sufocada.

Não conseguia encontrar um espaço para o meu choro! Talvez não fosse exatamente assim. Talvez eu vivesse essa sensação pelos seus constantes e absurdos telefonemas com um "Como vai? Tudo

bem? O que você está fazendo?".
Me dava vontade de berrar: "O que eu deveria ter feito hoje, senão viver essa vida nojenta que não quero, mas que está aí? Como eu deveria estar?".

Dava respostas sem sentido a perguntas sem sentido e que pressupunham respostas sem sentido.

Definitivamente, o que ainda tinha sentido? A minha vida, não. A minha casa, não. A minha saúde, não. O dinheiro, não. O carro recém-comprado, não. O trabalho, não. As férias, não.

Talvez Sílvia, sim! Mas se eu me abrisse ao amor por ela talvez tivesse ainda que sofrer de maneira atroz. Melhor afastar-se e não amar. Melhor morrer nos sentimentos, esta talvez fosse a solução ideal. A única. Morrer para o amor. Quantas vezes eu tinha me machucado por amor? Talvez dez mil fosse pouco. Eu queria morrer.

Por que eles sim e eu não? De fato, o que eu mais queria, naqueles momentos, era morrer. Desaparecer, queria que a vida fosse embora. Um dia, finalmente, consegui ficar meia hora sozinha, absolutamente sozinha em casa. Subi no parapeito da janela. Eu morava no terceiro andar. Olhei para o pátio de cimento lá embaixo, senti o impulso de me atirar e, naquele exato momento, ouvi uma voz clara dentro de mim que disse: "E *eu?*". Era uma voz doce, quase curiosa, de menina. Me detive. Era como se minha filha Sílvia estivesse atrás de mim e tivesse me dito: "E *eu?*".

Me detive. Pus os pés de novo na cadeira. Quem tinha dito: "E *eu?*". Talvez tivesse sido a voz interior de minha filha, que me fazia sentir a injustiça do que eu estava por fazer, porque a ela não reconhecia nenhum valor decidindo me matar. Havia *ainda* e *sempre* ela para criar. Sílvia precisava ter *alguém* por perto.

Era tão pequena! Estava no primeiro ano de escola e já tinha sido tantas vezes posta à prova pela vida! Sentia-me culpada por não me preocupar com ela. Eu estava ausente. Quem poderia ficar perto dela? Eu era vento. E ainda por cima um vento gelado de morte.

Sentia-me culpada por tentar afastá-la de mim.

Sílvia dormia comigo todas as noites, mas eu a empurrava para longe se me tocava, mesmo que só com o pé ou com a mão. Empurrava-a para longe, não queria o seu contato. Tenho ainda dificuldade em aceitar *aquele* seu contato, por meio do qual ela busca uma confirmação da minha presença.

Só depois de muito tempo, trabalhando sobre este ponto, compreendi que havia desencadeado em mim o medo da perda. Se eu retomasse o contato do amor, escutaria novamente o meu sofrimento. Era demais. Melhor afastar o objeto do amor. Ficar *vazia* me salvava da dor. Estava morta, fingia estar morta, ao menos interiormente eu podia estar morta.

Tudo o que antes me interessava, tudo o que tinha me estimulado a viver depois do câncer, repentinamente tinha desabado e sido engolido junto com aqueles caixões, enterrados, um perto do outro, para que se fizessem companhia.

Às vezes pensava que eles podiam se comunicar, talvez, estando próximos, contar um ao outro os segredos em uma linguagem que eu não conhecia. Tinha a impressão dolorosa de estar enlouquecendo; tudo se reduzia a migalhas, a pó. E depois, o nada.

O sol, as árvores, a lua, não tinham mais significado. O vazio. Às vezes, imaginava Deus como um Deus punitivo, sentia que talvez tivesse sido punida por ter tido a presunção de superar o câncer, como se não devesse ter me permitido derrotar a doença. Deus me punia de maneira ainda mais feroz.

A dor que sentia quando estava com câncer era ridícula se comparada à dor, à destruição que sentia por esta morte. O câncer tornava-se uma bobagem diante dessa espécie de devastação. Sentia a necessidade de fugir da realidade e assim fui revisitar os lugares onde costumava ir quando Gaia era pequena. Fui caminhar ao longo da praia do Lido de Veneza, onde tantas vezes ela brincara com seu baldinho e sua pá.

Cada passo trazia à tona uma dor profunda, um desespero inacreditável, mas era como se eu tivesse necessidade de revisitar os lugares onde tínhamos vivido juntas. Como se, ali, procurasse uma espécie de energia ligada à recordação. Reencontrava, em vez disso, desalento e impotência. O inverno gelava naquele dia! Uma chuva violenta e um vento fustigante açoitavam a areia. As ondas do mar batiam com violência contra a praia, lançando borrifadas de espuma que me atingiam, assim como as gotas de chuva trazidas pelo vento. Tentava me proteger com o guarda-chuva, batendo os dentes.

Tudo fazia com que eu sentisse calafrios. Talvez não fosse o frio. Talvez fosse o desespero a fazer com que eu batesse os dentes sem parar. Estava completamente encharcada. As minhas meias estavam encharcadas e, lentamente, transmitiam a umidade ao resto do meu corpo. Tinha ido até ali à procura das cálidas e alegres lembranças do passado e me encontrava, ao invés disso, no gelo do presente.

Trincava os dentes obstinadamente para deter o seu estúpido bater contra si mesmos! Queria chegar até a cabana que, por tantos anos, tínhamos alugado.

O mar fazia bater suas ondas como se quisesse apagar aquele fio tão sutil da memória cálida que eu buscava ali.

O vento parecia querer deter-me com a sua força e a sua violência. Mas eu era mais obstinada do que o vento na vontade de reencontrar o que não estava mais ali. Libertei os meus soluços e urrava a Deus que me fizesse reencontrar minha filha de qualquer maneira, ainda que isso fosse absurdo.

Era difícil caminhar sobre a areia com o corpo entorpecido e sacudido pelos arrepios de frio e de desespero. Os meus pés afundavam na umidade enquanto as rajadas de vento me desafiavam.

Faltavam poucas dezenas de metros para chegar à cabana, quando tive a impressão de ouvir a minha própria voz gritar: "Se Gaia, de alguma maneira, vive, quero encontrar uma estrela-do-mar sobre a areia, para mim!". Absurdo, no inverno não aparecem estrelas-do-mar. Mesmo no verão, tornaram-se uma raridade. Que palavras absurdas eu tinha pronunciado!

Caminhei com muito esforço na chuva e, em guerra aberta contra o gelo e a força do vento, e... pisei, em um segundo, em centenas de *absurdas* estrelas-do-mar trazidas pelo mar, na praia, para mim. Centenas de estrelas formavam como que um caminho que avançava da água em direção à praia. Absurdo. Absurdo, mas verdadeiro.

Os meus olhos inchados de lágrimas procuraram uma, sentindo quase que o embaraço da escolha. Era tudo absurdo, absolutamente absurdo! Peguei a estrela que me chamou mais a atenção do que as outras e, sem mais perguntas ou respostas, voltei atrás, para o vazio da realidade da minha vida. Agradeci pelo tesouro que tinha conquistado. Era o primeiro sinal do que viria a acontecer depois.

Passaram-se dois meses e tentei de todas as maneiras pensar em um modo de me comunicar com minha filha. Queria saber se ela havia sofrido ou não no momento do acidente. Tinham me dito que os bombeiros intervieram para tirar das ferragens o corpo de Carlo, morto instantaneamente, enquanto Gaia tinha sido encontrada ao lado do carro, na grama, arremessada para fora pela violência do choque.

A este pensamento, do qual eu tentava constantemente fugir, a minha barriga *se retorcia*, como sempre. Uma das mãos apertava de repente, de forma sádica, as minhas vísceras, fazendo com que eu sentisse uma dor assustadora.

Ninguém tinha assistido ao acidente. Eu precisava saber se minha filha tinha sofrido. *Se tinha se sentido sozinha*, ali, sobre a grama, sem ninguém que pudesse lhe dizer, segurando sua mão: *força, resista, você vai conseguir*. Por que eu não estava ali, com ela, naquele momento de extrema necessidade? Por que ela teve de enfrentar o seu sofrimento sem mim? Que mãe era eu? Eu a havia abandonado no momento mais grave da sua vida! E ela não me esperou para morrer. Não tinha me concedido tempo para chegar ao hospital. Tinha feito tudo sozinha e isto era insuportável para mim. Este era um terrível sofrimento. O meu cérebro criava pensamentos absurdos e vãos dizendo coisas bobas, enchendo-se de "se" inúteis, porque o que tinha acontecido não podia mudar!

Experimentava um grande sentimento de culpa. Por que esta morte tinha acontecido só a eles? Estava com ciúmes da escolha deles, sentia como se me tivessem abandonado, deixado em uma realidade da qual tinham fugido juntos e na qual eu, ao contrário, sozinha, tinha ficado a me debater! Sozinha.

Por que esta morte justamente quando eu podia reaver finalmente "duas filhas"? Estava destinada a ter sempre, de qualquer maneira, apenas uma!

Às vezes eu parecia estar enlouquecendo. Sempre a mesma, terrível, pergunta: Por que eu tenho que ter o amor pela metade?

Procurei ajuda, uma forma de me comunicar com a minha filha e pensei em apelar para uma médium. Fui encontrá-la, alguém tinha me dado o seu nome justamente poucos meses antes que minha filha morresse. Que estranho!

Tinha guardado o endereço, porque a mediunidade sempre me fascinara. Sempre quis conhecer alguém do Círculo 77 de Florença e participar de uma sessão espírita.

Contava-se, a meia-voz, em família, que minha avó tinha sido médium, que entrava em transe, e a irmã de minha avó conseguia mover objetos com o olhar.

Ninguém, porém, falou comigo mais claramente sobre isso. Descobri depois que, em família, todos tinham medo disso.

A curiosidade e o fascínio pelo esoterismo eram, porém, fortíssimos em mim e, então, comecei a minha busca. Fui, portanto, encontrar esta médium e ela falou em nome de minha filha.

Gaia tentou me tranqüilizar, mas eu chorava demais. Não ouvia nada, não ouvia sequer as palavras da médium. Da segunda vez, voltei tentando ficar mais calma, mas de novo chorei tão desesperadamente que ouvia só o som do meu choro.

Sentia-me estúpida, queria minha filha e, quando estava ali para escutá-la, não a ouvia porque a dor era forte demais!

Da terceira vez, a médium me disse: "Escute, sua filha está aqui e está dizendo simplesmente que, se *você* quiser, poderá ouvi-la; tudo depende de você. Está dizendo que "*você*" está em condições de recebê-la e de percebê-la, mas depende de você a escolha entre abrir-se a ela ou ficar fechada em sua dor".

A dor, disse, é um fechamento, é um erguer barreiras. Se você está fechada não ouve nada, mas "*você*" *pode ouvir, se quiser.*

Fui-me embora ainda mais arrasada do que antes. Certamente, eu não conseguiria falar com ela! E quando cheguei em casa, à noite, soltou-se aquele choro que eu me obrigara a conter. Chorava desesperada, na cama, quando, de repente, senti um incrível afago no rosto. Era um afago tão quente e tão real que abri os olhos imediatamente, mas não vi ninguém. Minha vida estava mudando mais uma vez.

Tinha morrido através do câncer e tinha renascido; tinha morrido mais uma vez através da morte de minha filha e estava renascendo. E não sabia disso.

Aquele afago me transtornou. Me tranquilizei e tentei encontrar uma explicação. Eu tenho a mania de procurar sempre explicações, busco sempre o porquê! Desde criança, conseguia aceitar qualquer coisa, desde que a compreendesse. Aquele afago não tinha uma explicação plausível.

Tentando sentir novamente a sensação experimentada de maneira tão forte e quente, fechei os olhos por um instante para me concentrar, como fazia quando brincava com a energia durante a minha doença, e comecei a ver imagens e mais imagens de figuras que entravam no meu quarto pela porta. Eram dezenas e dezenas de figuras, vestidas de formas diferentes, mas todas com o olhar sorridente e permeadas de uma luz dourada.

Entravam e paravam, uma a uma, junto ao pé da cama. Não vinham adiante, mas continuavam a entrar. A porta do meu quarto estava entreaberta e aquele entrar parecia não ter fim. Perguntei a mim mesma, estupidamente: "Mas como farão para caber em um espaço tão pequeno?".

Fiquei fascinada com aquela imagem. Parecia-me que o quarto estava se enchendo, mas mesmo assim os dois lados da cama estavam livres. Havia uma espécie de respeito por um espaço meu naquele seu entrar.

Quando todas aquelas imagens de luz, com sorrisos de incrível beleza e doçura, acabaram de *avançar* pelo quarto, percebi *o seu pedido de aproximação*. Desencadeou-se em mim alguma coisa que me fez sorrir e dei a permissão. Não havia medo, só surpresa e curiosidade. Eu sentia aquelas figuras como familiares e as aceitava.

As imagens se aproximaram e naquele momento encontrei minha filha ao meu lado. Sentada na beira da cama, mantinha-se um pouco afastada e eu a olhei e a vi sorrindo. Estava vestida normalmente, com calças azul-claro e um blusão da mesma cor, que eu nunca tinha visto antes, e me olhava, esperando um sinal para poder aproximar-se. Eu disse: "Venha, Gaia!", e de alguma maneira *sei* que a abracei!

Dentro de mim desencadeou-se o pensamento: *estou louca*. Respondi àquele pensamento: "Se estou louca, não me importa, porque neste momento estou vendo e *tocando* minha filha".

Gaia fez uma coisa estranha, começou a mexer os lábios e me fez sinal para que a olhasse, mas a sua imagem desaparecia se eu tentasse me concentrar, apertando os olhos. Então, ela me disse: "Não, assim não! Calma, fique com os olhos relaxados". Eu os mantive relaxados e a imagem reapareceu. Então, ela se aproximou para que eu pudesse ver a boca em primeiro plano e começou a formular palavras que eu conseguia ler. À medida que as palavras se formavam nos seus lábios, a sua imagem se afastava e eu, desesperada, tentava segui-la com a cabeça. Se o seu rosto se afastava, eu não conseguia entender nada! Estava com muito medo de perder aquele contato com ela. Como se ela tivesse lido na minha mente, sorriu e, com os lábios, formulou: "Agora, você deve me ouvir através do seu pensamento".

Eu lhe disse, assustada: "Não consigo ouvir a sua voz", e ela, rindo, reaproximou a boca dos meus olhos e exclamou, divertida: "É claro que você consegue! Sorria! Você vai conseguir!". A sua boca reaparecia, eu conseguia ler as palavras "confie, confie" e olhava o seu rosto que se afastava novamente.

Naquele momento, consegui distinguir, de repente, as palavras luminosas que corriam pelo interior da minha mente e se transformavam em pensamento! Puxa!, exclamei para mim mesma, excitada e divertida ao mesmo tempo. Que linda brincadeira de loucura estava se criando entre nós! Senti que devia pegar um livro que tinha na mesinha de cabeceira e com a caneta comecei a escrever, na parte interna da capa, o que ela, à sua maneira, estava me dizendo. Não queria esquecer uma só palavra e, portanto, escrevi tudo o que *via e ouvia* no pensamento.

No final, estava tão cansada que peguei no sono. Acordei de manhã e a luz ainda estava acesa. Eu estava vestida e a minha mão ainda tocava o livro. Por um instante, pensei que tivesse sonhado tudo.

Abri o livro ansiosamente e encontrei as páginas escritas com uma caligrafia estranha. Reli aquelas palavras e me dei conta de que estavam em rima! Fiquei impressionada, elas rimavam.

Nunca tinha suportado, durante o tempo de liceu, as poesias em rima emparelhada! Eu havia registrado, assim como era, cada palavra que ela havia dito! E estava tudo em rima. Era uma espécie de poesia, uma mensagem de três páginas que falava da eternidade, do amor e da confiança que era preciso ter nele.

Não sei mais aonde foi parar aquele livro! Talvez eu o tenha emprestado, *talvez tenha se escondido!* Quem sabe?

Fiquei estupefata, pensei até em dissociação, e que talvez eu mesma tivesse escrito cada uma daquelas palavras, atribuindo-as a Gaia. Fui trabalhar sem saber, ainda, que havia nascido para a minha nova vida.

Na loja, repentinamente, tive uma náusea terrível, sem sentido, arrasadora, como se o meu corpo tivesse que vomitar a alma. Corri para o banheiro, mas não conseguia vomitar nada, só aqueles esforços terríveis. Minha cabeça estava explodindo e, numa espécie de explosão, acendeu-se uma frase dentro do meu cérebro: "Confie, este é o sinal".

Fiquei transtornada tanto pela intensidade da náusea quanto pelo que eu tinha *visto*, *ouvido*, como dizer?

Então, tentei confiar: fechei os olhos, tentei relaxar, sentada perto do caixa, e peguei algumas folhas e uma caneta. Procurei em mim a imagem de minha filha e Gaia apareceu sorridente e começou a ditar-me mensagens! Mais uma vez eram em rima, mais uma vez me veio, logo depois, um cansaço incrível.

Tentava escrever com os olhos fechados para não perder a sua imagem, mas, assim, tornava-se depois difícil ler o que eu tinha escrito, porque eu escrevia na diagonal, subindo para a direita. À tarde, aconteceu a mesma coisa. Novamente uma náusea fortíssima, repentina e injustificada. Desta vez eu estava pronta: peguei papel e caneta e decidi tentar escrever mantendo os olhos entreabertos, de modo a poder controlar, ao menos em parte, a minha caligrafia. De novo, outras mensagens, sempre em rima.

Aqueles momentos tornaram-se sempre mais freqüentes. Sentia uma grande felicidade porque não estava mais sozinha. De alguma maneira, minha filha voltara. Se estava louca, estava bem assim! Se estava dissociada, estava bem assim! Tinha minha filha de novo comigo, mas ela me pedia, agora, coisas estranhas. Me pedia para jogar fora todos os seus livros, a sua roupa, todas as coisas que lhe pertenceram. Tinha "aquela" grande fotografia em que ela aparecia sorridente, tirada poucos meses antes de sua morte. Ela pedia que eu jogasse fora aquela também. Eu relutava. Mas Gaia insistia: "Jogue fora, são apenas dor. Eu não sou mais aquela, não serve para nada ficar com tudo isso. Jogue fora, jogue fora, jogue fora".

Eu me rebelava e, obviamente, não fazia o que ela me pedia e, assim, um dia, aconteceu uma coisa muito estranha. Da cozinha ouvi o estrondo de um vidro que se quebrava. Corri até o banheiro, porque tinha certeza de que tinha se quebrado um vidro da janela. Os fragmentos estavam ali, mas o vidro da janela estava inteiro. De onde vinham, então, aqueles cacos que estavam ali no chão? Seguindo o rastro deixado pelos pedacinhos de vidro, cheguei ao meu quarto, que ficava numa posição paralela ao banheiro! A foto de Gaia estava ainda pendurada na parede, mas o vidro tinha caído no chão e os fragmentos tinham feito um estranho percurso em U, saindo do quarto para acabar justamente no banheiro, depois de atravessar um pedaço de corredor!

O impulso devido à queda não justificava a estranheza do percurso dos fragmentos de vidro!

As palavras: "Eu disse a você: jogue fora! Traz apenas dor" retumbavam no meu cérebro.

Decidi tentar fazer o que ela me pedia: confiar. Num domingo, tomei coragem: tirei todas as suas coisas de casa e levei-as para o porão. Sílvia me olhava irada, porque eu tirava também todas as fotografias que ela havia escondido na mesinha de cabeceira. Tirei tudo. A foto grande também.

Daquele momento em diante, aconteceram coisas estranhas, que se repetiram por algum tempo e, depois, pouco a pouco, cessaram. Às vezes tenho saudade daquele período tão fascinante! Aconteciam coisas tão incríveis! Os ponteiros do relógio começavam de repente a girar rapidamente; eu encontrava bilhetinhos escritos com uma estranha caligrafia muito legível, muito clara, em lugares estranhos: em cima da máquina de lavar, nos bolsos das minhas roupas, e eram sempre pedacinhos de papel em que se falava de Amor e Confiança. Eu sabia quem era ao telefone antes de atender. Passarinhos entravam em casa, as portas se fechavam sozinhas, as luzes se acendiam ou apagavam por conta própria. Freqüentemente, eu pensava ter enlouquecido.

Sempre fiquei fascinada por aqueles eventos.

Era um período em que eu estava sem dinheiro. Tinha tido muitas despesas. Em contínua batalha com o dinheiro, me sentia um pouco angustiada, mas a voz de minha filha ressoava forte e clara e me dizia: "Confie e você verá que vai conseguir". No espaço de quinze dias encontrei quatro carteiras. Nunca tinha encontrado nenhum objeto na minha vida! Todas as carteiras estavam sem documentos.

A palavra *confiança* assumia cada vez mais significado. Gaia me conduziu pela mão, com o seu sorriso e a quietude da sua *presença*, a realizar um incrível percurso por meio do qual eu me permitia compreender, pouco a pouco, o mais profundo significado da Vida. Ela me obrigou, com a sua constante e assídua presença, a fazer coisas inverossímeis. Um dia, em agosto, por exemplo, eu tinha acabado de voltar da loja, tinha almoçado com Sílvia e estava tentando descansar um pouco. O calor era insuportável e às 2 horas Gaia *chegou* e me pediu que a seguisse. Mas o calor era realmente muito intenso. Agosto queimava e abrasava a casa. Tergiversei, tentando adiar para a noite aquele dever de *sair com ela.* Mas ela foi insistente e eu cedi, como sempre. Peguei o carro e, guiada por ela, que estava *sentada* ao meu lado, dirigi-me ao cemitério! Eu absolutamente não queria ir!

Para mim, aquele lugar era o desespero, a derrota da minha vida terrena! Ela me explicou que era muito importante e sorriu para mim. Diante *daquele sorriso*, entrei ao lado dela, subi as escadas, sentindo-me já morrer!

Tranqüila, Gaia caminhava perto de mim e, quando chegamos em frente às duas tumbas vizinhas, comecei a chorar e ela me disse, categórica: "Olhe!". Eu respondi, chorando: *"O que eu deveria olhar?"*. *"Olhe!"*, repetiu, e eu, enfurecendo-me, disse ainda uma vez, desesperada: *"O que eu deveria olhar? As tumbas de vocês? O fato de terem me abandonado aqui, como uma idiota, com uma vida dolorosa? Me diga, o que eu deveria olhar?" e chorava, cheia de raiva pela sua incompreensão, e de dor. De repente, Gaia riu e eu me virei para ela: "Que motivo há para rir?", perguntei, enquanto ela ria e ria!

Fiquei desconcertada, não entendia que motivo havia para rir diante daquelas duas tumbas que tinham os nomes deles e a mesma data de morte!

Depois, de repente, num lampejo, entendi e comecei a rir eu também! Meu Deus, como ri com gosto! Chorava e ria. Minha filha estava ali ao meu lado, falando comigo, e eu me desesperava por caixões vazios!

Aí estava o sentido daquela saída repentina! Eu estava pronta para entender que a Vida continua depois da Morte!

Renascia em mim mesma, compreendendo os valores absolutos de certas palavras como *fé*, *vida*, *morte*. Graças à confiança que minha filha tinha despertado em mim, a vida assumia um significado diferente.

Uma vez, perguntei a Gaia se ela havia sofrido no momento do acidente. Expliquei-lhe que eu tinha me sentido muito culpada por não ter estado junto a ela naquele momento. Tantas vezes eu tinha pensado que, se eu estivesse ali, segurando a sua mão, ela não teria morrido!

Gaia me disse que a sua "alma" tinha saído do corpo, de certa forma, no instante em que a sua cabeça tinha batido contra o pára-brisa. Alguns segundos antes, tinha se dado conta de que morreria, e teve medo. Depois, tudo aconteceu em um momento: o vôo do carro para o barranco, a tentativa vã dos médicos de mantê-la viva com as máquinas, no hospital. Ela me disse que não tinha sentido dor e que, naqueles vinte minutos de reanimação, tinha vagado em torno do seu próprio corpo, sentindo um forte chamamento a seguir seu pai, morto instantaneamente. Fiquei com ciúmes, disse-lhe que ela havia escolhido morrer para ficar com ele!

Ela me respondeu que a sua morte me dava a possibilidade de me tornar o que eu inconscientemente sempre tinha sido: um mestre e, a ela, de fazer uma experiência diferente, em uma outra vida. Disse-me que esta sua vida já tinha lhe permitido compreender muitas coisas.

Às vezes, Gaia me acordava de madrugada e eu tinha que me levantar, exatamente *naquele momento*, porque só *naquele momento* eu estava pronta para compreender, realmente, o que ela queria me dizer. De vez em quando, Sílvia também recebia uma mensagem, que transformava em desenho. Freqüentemente, me contava que encontrava Gaia e brincava com ela.

De vez em quando, de madrugada, eu tinha de ir me sentar nos degraus da igreja de São Zeno e, ali, saboreando a beleza deste lugar, recebia palavras carregadas de profundidade. Compreendia, escutando no silêncio, a compaixão, a caridade, o perdão e a beleza de cada conceito que entrava docemente, abrindo-me para dimensões cada vez mais profundas.

Aprendi a "respirar" o Amor Universal, procurando, depois, traduzi-lo para a realidade.

As minhas visitas noturnas à igreja de São Zeno tornaram-se tão freqüentes que eu tinha *feito amizade* com um dos leões de mármore que sustentam o portal e que sustentava também a mim, durante as longas horas que permanecia ali.

Recebia, lentamente também, as emoções ligadas à compreensão da inocência, da pobreza e da castidade, no seu verdadeiro significado!

O silêncio estava entrando em mim, profundo e absoluto.

Passaram-se dois anos, vividos em *companhia* de minha filha, e depois vivi mais uma vez a separação.

Para aprender a deixar os *apegos* à vida, tinha encontrado a Morte. Para viver com a Morte, tinha aprendido a acreditar numa existência diferente. Tinha confiado nas palavras de Gaia, levando uma vida que, de normal, tinha pouco.

Minha filha, na sua sabedoria, avisou-me que me deixaria logo: eu já estava pronta para caminhar com as minhas próprias pernas. Estava pronta para realizar uma outra passagem, que me parecia muito dolorosa. Entendi que estava *cres-*

cendo depressa e que devia ser completamente livre. Como era difícil conquistar *aquela* liberdade!

Tentei resistir, depois entendi. Gaia tinha me permitido confiar e começar a fazer parte daquela dimensão diversa da vida. Chorei, docemente, na última vez que nos encontramos. Prometi que não a procuraria mais e assim fiz. *Nada se perde, tudo se transforma.*

Reli uma poesia que tinha escrito para ela alguns meses depois da sua morte, em 21 de junho, dia do seu aniversário, e depois recomecei a caminhar a vida.

Quantas vezes, lá, no sonho, te
procurei, como sempre, com sofrimento
te invoquei, desesperada.
Mil lágrimas dos meus olhos, Tu
pegaste, deixando este meu coração,
indefeso.

Quantas vezes, no meu dia, te
procurei, sob as pontes, entre as
estátuas, lá na água, desesperada.
Mil igrejas do alto sobrevoei,
com o meu amor, grande e desesperado.

*Quantas vezes, em vão, te chamei,
gritando o teu nome, desesperada.
Mil dias pelas ruas te persegui,
com o meu coração apertado numa
mordida.*

*Quantas vezes as minhas mãos te
quiseram, enquanto, vazia, a minha
boca estava muda.
Mil gritos subiram do meu coração,
tão desfeito por este grande amor.*

*Quantas vezes os meus olhos te
olharam, tão doce, terna, em flor.
Mil olhares lancei ao meu redor,
para ver que o meu amor não
existe mais.*

*Quantas vezes, doce Gaia, doce, te
amei, te quis, te sonhei, te procurei,
desesperada.
Mil pedaços explodiram dentro de
mim, ao ver que o meu amor não
existe mais.*

Bom dia, disse à Voz que se acendeu em mim, pouco tempo depois. Nada mais me surpreendia.

Era uma voz dourada, que eu via e percebia.

Era a Voz do *self* universal: a parte de mim de que eu estive inconsciente. Quanto esforço para recuperá-la! Descobri, um pouco de cada vez, outros aspectos das minhas capacidades e compreendi que tudo estava ligado ao *Ser em Unidade com Deus*.

A palavra "confie" começou a retumbar cada vez mais forte dentro do meu Coração. Era como uma onda quente que eu percebia nascer de dentro de mim, de um espaço infinito. Quanta paciência tinha aquela Voz naquele seu contínuo repetir-me: confie!

Um dia, ainda a escutá-la, exclamei: "Você não está cansada de me dizer isso?".

A Voz respondeu muito claramente: "A Paciência é a chave da vida, lembre-se!".

Aí está, eu estava arruinada! Eu nem sabia o que queria dizer paciência!

Depois, parei para pesar as minhas palavras e, sorrindo, me dei conta de que, naqueles últimos anos, a paciência havia nascido em mim, ao longo do desespero e da impossibilidade de mudar os acontecimentos da minha vida.

Compreendi que, lentamente, eu havia me aberto cada vez mais para um espaço que já me pertencia, mas do qual eu não tinha consciência.

Foi quase natural perguntar a mim mesma, mais uma vez, qual poderia ser o significado da Vida e da Morte. Talvez toda a explicação pudesse ser encontrada na palavra "amor".

Deus não havia, então, criado o mundo por amor? O homem não era, então, reflexo de Deus, como qualquer outro aspecto da criação?

Sentia um Amor incrível naquela minha Voz. Naquele *"confie"* havia um Amor incondicional, indescritível, que *dava, constantemente, sem pedir!*

Proporcionava consolo, segurança, estímulo, esperança.

Aquela Voz ajudava, apoiava e nunca pedia nada em troca, nem mesmo ser escutada! Era a Voz do Absoluto que falava por meio de toda forma da criação.

Era o sussurro de Amor do vento, o canto antigo da terra, a respiração do céu infinito, o escorrer da água da torrente.

Era o olhar de cada homem e o sorriso de cada criança.

Eram as estrelas que lhe cobrem de noite, embalando o seu sono feito de cansaço.

Era o universo que desde sempre está *lá*, sorridente, *para quem o sabe "olhar"*. Entendi tudo isso depois de passado algum tempo em que, dentro da minha barriga, tinha se estabilizado uma espécie de onda, feita de quietude e de uma harmonia inatacável pela exterioridade dos acontecimentos. Uma quietude imensa que eu recebia de toda a Criação, *na consciência de que, desde sempre, a terra sustentava os meus passos e o céu me consentia respirar e o sol aquecia e iluminava o meu dia, assim como a lua sorria às minhas noites.*

Tudo era já.

Tudo me tinha sido dado desde sempre, sem pedir nada em troca.

Tudo estava ali, pronto para ser entendido por quem acordava do sono profundo.

Encontrei a figura de Cristo quando menos esperava. Fiquei

me desfazendo em um doce choro por vários dias. Compreendi, em silêncio.

Compreendi para além das palavras.

Compreendi na comoção e no reconhecimento de que cada coisa é Deus e Deus é Amor, e tudo, portanto, é Amor.

Compreendi que existem ritos e formas de culto diversas, porque externamente os homens são diversos, com os seus usos e costumes mentais; mas compreendi também que o Absoluto é Amor, que vai além de qualquer culto ou religião.

No silêncio da ausência da palavra, ouvi o Verbo que narrava a Verdade docemente.

Senti, no silêncio, que bebia a Vida e o seu significado, perdendo a mim mesma e reencontrando-me completamente.

O silêncio estava em mim e eu era aquele silêncio.

Morri e renasci para sempre.

Compreendi que tinha subido uma montanha, encontrando o meu caminho e que agora *devia* descer novamente para o vale para levar lá para cima quem quisesse caminhar, comigo, *o caminho da Vida*.

Tudo é Deus e cada coisa que eu tinha encontrado era um aspecto de Deus.

É o Verbo que cura!

Aquele Verbo que é Verdade dentro de cada um de nós.

A unidade com Deus me esperava há tempos, respeitando os tempos do meu crescimento, sem pressa, *"com paciência"*.

Dia após dia, a minha vida se soltava cada vez mais, transformando-se em um rio sorridente e em plena cheia.

A Vida começou a transbordar de mim, como uma fonte, consentindo-me ajudar os outros a reencontrar a si mesmos.

Eu tinha lutado contra o papel de vítima, contra o orgulho e a presunção, usando a minha força de *"Guerreiro"* na busca constante de clareza.

A Clareza aconteceu dentro de mim.

Finalmente, eu sabia que estava em casa, na minha terra, na qual tinha, por longos anos, semeado o Sol da Consciência.

As sementes que eu tinha, passo a passo, pousado com tanto esforço dentro de mim, estavam desabrochando.

Estava em casa.

Eu a tinha procurado desde sempre e a tinha encontrado.

Aconteceu assim, como devia acontecer!

Por que, então, não semear o mesmo Sol em outras terras, que não são senão um aspecto de mim?

A Morte passou perto de mim com o seu véu antigo, sorriu e sussurrou: *escute o que eu estou lhe dizendo!* E eu, então, caminhei junto a ela. Me disse Ama, Ama profundamente. Me disse Solte-se no Amor, como água corrente. Me disse Olhe, o dia está raiando.

O dia da chegada e da partida que a Todos vai reunindo.

Me disse Abra os braços e comece a voar. Deslize no Vento e vá levar a sua Voz. Leve-a ao mundo que Não Sabe, leve-a aonde quer que o Vento vá. Leve-a à água do rio e da torrente, leve-a ao mar, leve-a às pessoas.

A Morte se deteve e eu a olhei: era bela, vazia e cheia ao mesmo tempo.

Quanto fascínio vinha de seus olhos, dos quais tudo vem! Que doçura na sua fragilidade!

Que inebriante na sua profunda liberdade! A Morte, eu a bebi toda, sentindo dissolver-se cada fragmento do meu mundo. A Morte que eu bebi, o meu corpo transformou e sou pássaro livre no campo. Ao redor, há Luz, há audácia. Ao redor, há quietude, Harmonia.

A Morte começou a dançar, a girar, e foi embora! Tudo é Luz, Luz somente.

Cada realidade é o reflexo de Luz que se condensa de modos diversos.

Tudo é Luz e abre-se uma risada! Existe somente Luz, forte demais, às vezes, para que se possa olhar para ela.

Tudo é Luz e vibração.

Isto é o Absoluto. Esta é a Verdadeira Criação Humana! Tudo é Luz, somente Luz.

Cada coisa se acende e se apaga, ao mesmo tempo. Depende de você, me diz a Morte, de como você sabe olhar!

Mas tudo é Luz, não esqueça!

O seu véu, lento, se moveu.

A Morte afastou o seu passo de mim. Me sussurrou uma história.

A história da Verdade, para que eu a lembrasse e a levasse à Humanidade.

Sérgio está comigo. Caminha ao meu lado na vida, audaz e orgulhoso. Há um ano nos casamos na Itália, e há três anos, na Índia.

Sei que é o homem da minha vida: eu o encontrei depois de conquistar a minha terra prometida.

Em Sérgio, a vida pulsa, vibra, se acende. Os seus olhos cintilam, o seu corpo se move, ele é falante, atraído pelos mil chamamentos da realidade.

Os seus olhos correm continuamente, assim como correm, contínuas, as suas palavras, que parecem não poder deter-se, não poder parar, assim como não se detém o seu pensamento, assim como não se detém a intensidade dos seus passos junto aos meus!

Somos tão diferentes, neste nosso incidir sobre a vida, e ainda assim somos tão iguais!

Meu marido "galopa" ao longo da estrada, ao meu lado, permeado pela sua força, pela sua vitalidade.

Meu marido corre e me arrasta na sua corrida, obrigando-me a acelerar o passo.

Agora que a minha Voz não está mais aqui, ele está, sorridente, cumprindo a sua função: me obriga constantemente a me mexer e a permanecer apegada às coisas terrenas.

Obriga-me a manter os pés no chão e a olhar aquele lado da moeda humana que eu estou acostumada a não observar, porque fico encantada com a beleza e o fascínio que cada homem contém em si mesmo.

Ele me faz ver a face terrena da humanidade, porque eu vejo a parte divina.

E é com esta espécie de silenciosa colaboração que a nossa vida vai adiante, no respeito recíproco, sem tédio, e num crescimento contínuo.

Com ele, posso ser o que sou.

Com ele, posso *semear o sol em minhas terras*, escavando sulcos, docemente, dentro da terra de cada um, nos quais, depois, entra a luz, o calor, o fogo da responsabilidade, da tomada de consciência, sem esforço.

Vivemos juntos *aqui e agora*, rimos e brigamos, com Amor, como todos os casais do mundo.

Mas nós somos *especiais*: talvez sejamos loucos, mas somos felizes!

Impresso em off set

Rua Clark, 136 – Moóca
03167-070 – São Paulo – SP
Fones: (0XX) 6692-7344
6692-2226 / 6692-8749

com filmes fornecidos pelo editor

Nasci em 1948, em Veneza, cidade incrível, fascinante, fora do tempo e do resto do mundo. Vivi nessa atmosfera a maior parte da minha Vida, aceitando com prazer e curiosidade os trabalhos infinitos que me foram oferecidos pela Existência. Tenho até ensinado matemática, tentando transformar as incógnitas em flores e fichas de telefone para torná-las compreensíveis aos olhos atônitos dos jovens.

Desde 1984, ano em que enfrentei o meu câncer, conduzo uma busca em mim mesma sobre o significado da Vida. Encontrei a verdadeira Morte em 24 de novembro de 1990, com o falecimento de minha filha, e nasci para a Luz da Consciência em 13 de fevereiro de 1993.

Vivi com alegria, entusiasmo, desespero e lágrimas e com uma inacreditável vontade de compreender. Trincando os dentes, na dor, no vazio mais incrível, dizia a mim mesma: "De qualquer maneira, sei que vou vencer!", ainda que, talvez, naquele tempo, eu não acreditasse completamente. Agora sei que a Vitória é inerente a nós por direito natural, e assim posso finalmente sorrir e estimular os outros a acreditar em si mesmos, sussurrando-nos uns aos outros, docemente, a cada momento:

"De qualquer maneira, sei que vou vencer!"

Gioia Panozzo
pelo desenvolvimento
da consciência como
caminho da cura.

------ dobre aqui ------

> ISR 40-2146/83
> UP AC CENTRAL
> DR/São Paulo

CARTA RESPOSTA
NÃO É NECESSÁRIO SELAR

O selo será pago por

SUMMUS EDITORIAL

05999-999 São Paulo-SP

------ dobre aqui ------

O SOL SEMEAREI EM MINHAS TERRAS

ÁGORA

CADASTRO PARA MALA-DIRETA

Recorte ou reproduza esta ficha de cadastro, envie completamente preenchida por correio ou fax, e receba informações atualizadas sobre nossos livros.

Nome: _____ Empresa: _____

Endereço: ☐ Res. ☐ Coml. _____ Bairro: _____

CEP: _____-_____ Cidade: _____ Estado: _____ Tel.: (___) _____

Fax: (___) _____ E-mail: _____ Data de nascimento: _____

Profissão: _____ Professor? ☐ Sim ☐ Não Disciplina: _____

1. Você compra livros:
☐ em livrarias ☐ em feiras
☐ por telefone ☐ pelo correio
☐ pela Internet ☐ Outros. Especificar: _____

2. Onde você comprou este livro? _____

3. Você busca informações para adquirir livros:
☐ em jornais ☐ com amigos
☐ em revistas ☐ pela Internet
☐ com professores ☐ Outros. Especificar: _____

4. Áreas de interesse:
☐ Psicologia ☐ Comportamento
☐ Crescimento Interior ☐ Saúde
☐ Astrologia ☐ Vivências, Depoimentos

5. Nestas áreas, alguma sugestão para novos títulos? _____

6. Gostaria de receber nossos catálogos? ☐ Sim ☐ Não

7. Gostaria de receber o Ágora Notícias? ☐ Sim ☐ Não

Editora Ágora

Rua Itapicuru, 613 Conj. 82 05006-000 São Paulo - SP Brasil Tel (11) 3871 4569 Fax (11) 3862 3530 ramal 116
Internet: http://www.editoraagora.com.br   e-mail: agora@editoraagora.com.br

cole aqui